THEATERBIBLIOTHEK

Fitzgerald Kusz ist ein Meister der kleinen Form. Eine Sammlung neuer szenischer Miniaturen und Valentinaden liegt nun vor: *Mehr vom halben Leben* ist eine Fortsetzung der *Stücke aus dem halben Leben* und doch eigenständig. Kusz erzählt darin von den Tücken des Alltags und den Absurditäten der Sprache, von Nachbarschaftsquerelen und Ehestreitigkeiten, Vereinsamung und Gruppenkoller, Selbstgesprächen und Fremdschämen – kurz: von unserem ganz normalen Wahnsinn.

Von Fitzgerald Kusz sind bislang in der Theaterbibliothek erschienen:

Lametta
Let it be
Schweig, Bub! / Letzter Wille
Stücke aus dem halben Leben
Witwendramen / Mein Lebtag

Fitzgerald Kusz

Mehr vom halben Leben

DER **VERLAG DER** AUTOREN
GEHÖRT DEN **AUTORINNEN**
UND **AUTOREN** DES VERLAGS

Dieses Buch erscheint in einem unabhängigen Verlag.

Bibliografische Information der Deutschen Nationalbibliothek
Die Deutsche Nationalbibliothek verzeichnet diese Publikation in der Deutschen Nationalbibliografie; detaillierte bibliografische Daten sind im Internet unter http://dnb.de abrufbar.

1. Auflage 2024

Verlag der Autoren GmbH & Co. KG
Taunusstraße 19, 60329 Frankfurt am Main
Telefon: 069 23 85 74-20
E-Mail: theater@verlagderautoren.de
www.verlagderautoren.de

Satz: Maintypo, Reutlingen
Umschlag: Bayerl + Ost, Frankfurt am Main
Druck: Beltz Grafische Betriebe GmbH, Bad Langensalza

Printed in Germany
ISBN 978-3-88661-424-0

Mehr vom halben Leben

THEATER

Vorspiel.

A Warst du eigentlich schon mal im Theater?
B Nein. Du?
A Ja, aber is schon eine Ewigkeit her. Fünfzig Jahre bestimmt. Stell dir vor, fünfzig Jahre! Da müsst ich direkt mal wieder hin. Gehste mit?
B Ich geh nich ins Theater.
A Da is doch nix dabei.
B Eben. Das is nix für mich.
A Da tut dir doch keiner was. Alles bloß Theater.
B Genau deshalb geh ich auch nicht hin. Ich hab zu Hause genug Theater.
A Das ist doch nicht dasselbe.
B Mir reichts.
A Ich glaub, du hast Angst vorm Theater.
B Theater! Das ist doch was Halbes und nix Ganzes!
A Wie das Leben. Und manche Leute haben ja ihr halbes Leben lang Theater.
B Ich mag keine halben Sachen.

NAHKAMPF 1

FRAU Sag was.
MANN Was willstn hören?
FRAU Halt irgendwas.
MANN Irgendwas?
FRAU Egal was.
MANN Was denn?
FRAU Na, was de grad denkst.
MANN Was ich grad denk?
FRAU Was dir so durchn Kopf geht.
MANN Das willst du wissen?
FRAU Ja.
MANN Nix.

WOHLBEFINDEN

A Mir gehts heut gar nich gut!
B Was heißt »nich gut«?
A Dass mir nich gut geht halt!
B »Nicht gut« heißt gar nix.
A Gar nix! Du bist gut, wos mir nicht gut geht!
B »Nicht gut! Nicht gut!« Warum sagstn nich gleich »schlecht«?
A »Schlecht« könnt ich nich sagen, dass mir geht.
B Das Gegenteil von »gut« is für mich immer noch »schlecht«.
A Mir gehts aber nicht »schlecht«.
B Wenns dir nicht »schlecht« geht, gehts dir »gut«.
A Du machst dirs leicht. Es gibt nich bloß »gut« und »schlecht«.
B Aber was fehlt denn, damits dir »gut« geht?
A Mir »fehlt« nix! Was soll mir denn schon fehlen?

Pause.

B Hoffentlich gehts dir das nächste Mal »schlecht«.
A Um Himmelswillen, sowas darf man doch keinem wünschen!
B Da wüsst ich dann wenigstens, wies dir geht!
A Du willst also, dass mirs »schlecht geht«! Und sowas will ein Freund sein!
B Ich bin dein Freund. Und drum will ich auch wissen, wies dir geht …
A Ich hab dir doch gesagt, wies mir geht.
B Fang ja nicht wieder an! Das nächste Mal frag ich dich nimmer. *Geht.*
A Jetzt weiß ich gar nicht, wies dir geht.

IM MOMENT

A Manchmal geht mir das Leben zu schnell.
B Mir nicht.
A Warum nich?
B Na, wir sitzen ja nur da.
A Ich denk halt, du wartest auf was!
B Worauf sollt ich denn schon warten?
A Jeder wartet auf was.
B Ich wüsst nicht, auf was.
A Na, dass weitergeht.
B Im Moment gehts nicht weiter. Im Moment sitzen wir nur da.
A Im Moment! Es gibt doch nicht nur den »Moment«! Der ist doch schon vorbei, wenn du auch nur eine Sekunde wartest.
B Ich wart auf nix.

NAHKAMPF 2

FRAU Du willstes einfach nich wahrham.
MANN Was?
FRAU Dass mit dir was nich stimmt.
MANN Was stimmt nich?
FRAU Wenn de das nicht weißt.
MANN Woher soll ichn das wissen, wenn des mir nicht sagst?
FRAU Du weißt doch sonst immer alles.
MANN Das stimmt nicht.

ZUFALL

A tritt von links, B von rechts auf.

A Bistes oder bistes nich?
B Klar bin ichs.
A Dass du das bist!
B Wer hätt ich denn sonst sein sollen?
A Ich mein, es hätt ja auch ein anderer sein können.
B Ich bin aber kein anderer.
A Nein, ein andrer biste nich, weils dus bist.
B Genau.
A Jedenfalls, is das vielleicht ein Zufall, dass dus bist!
B Warum? Ich, bloß ein Zufall?
A Und dass ausgerechnet du mir übern Weg laufen musst!
B Aber es war doch umgekehrt: Ich war schon hier, und da bist du mir übern Weg gelaufen.
A Und wie ich dich seh – denken und sehn, das war alles eins –, denk ich: »Is ers oder is ers nich?« Und in dem Moment hab ich gewusst: »Ja, er is es.«
B Und ich genauso: »Is ers oder is ers nich: Ja, er is.«

Pause.

B Stell dir bloß mal vor, ich hätt dich nich mehr gekannt.
A Oder ich dich.
B Obwohls ich bin?
A Woher hätt ich denn wissen sollen, dass dus bist, wenn ich dich nicht mehr gekannt hätt?
B Aber du hast auch Glück gehabt!
A Glück? Wasn für n Glück?

B Na, dass ich gerade hingeschaut hab, wie du mir übern Weg gelaufen bist!

A Es kommt immer drauf an, wer zuerst schaut. Das war in dem Fall ich. Ich bin ja auch auf dich zu, nicht umgekehrt.

B Zumindest haben wir uns mal wieder gesehn.

A Denk nur, wenn nicht?

B Nicht auszudenken.

ALBTRAUM

A Der Sauhund, wenn ich den erwisch!
B Was fürn Sauhund?
A Na, der! Den ich erwischn will!
B Jetz bin ich so schlau wie vorher.
A Na, der, der heut Nacht hinter mir her war.
B Heut Nacht war einer hinter dir her?
A Ja, ein Albtraum war das …
B Und, hat er dich erwischt?
A Nein, es is umgekehrt, ich möcht ihn erwischn!
B Sei lieber froh, dass er nich dich erwischt hat.
A Froh? Nachm Aufwachn hatt ich immer noch Herzklopfen!
B Sag, du hast das Ganze bloß geträumt …
A Bloß! Du bist gut!

NAHKAMPF 3

MANN Warum sagstn nix? *Pause.* Du, ich red mit dir? *Pause.* Is was?
FRAU Ich denk nach.
MANN Über uns?
FRAU Nein.
MANN Was dann?
FRAU Ich hab grad erst damit angefangen.
MANN Denk halt laut, dass ich auch was davon hab.
FRAU Das geht nich.
MANN Wieso nich?
FRAU Ich kann nur leise denken.
MANN Das geht doch laut auch.
FRAU Bei mir nicht.
MANN Ich denk oft laut.
FRAU Ich weiß.

Pause.

MANN Über was hastn nachgedacht?
FRAU Was mir halt alles so durchn Kopf geht.
MANN Was denn?
FRAU Alles und nix.
MANN Jetzt bin ich so schlau wie vorher.
FRAU Ich erst.
MANN Aber du hast doch nachgedacht!
FRAU Angefangen. Ich hab angefangen nachzudenken.
MANN Und dann?
FRAU Hast du mich gestört.
MANN Aber du musst doch wissen, über was du nachgedacht hast?

FRAU Hättste mich nich gestört! Das Nachdenken hätt ich mir genauso gut schenken können! Alles weg!

WETTER

A Bevor du was sagst: Du darfst alles sagen, aber kein Wort übers Wetter. Ich will nix übers Wetter hörn.

B Lass mich doch erst mal Hallo sagen. Oder darf ich das auch nich?

A Du darfst alles … alles, bloß nix übers Wetter.

B Das hab ich auch gar nich vor. Ich wollt nämlich über was andres mit dir reden.

A Sag frei von der Leber weg, was du zu sagen hast.

B Ja, glaubstes, dass ichs jetz noch weiß? Grad is es mir noch auf der Zunge gelegen, und jetz is es weg, einfach weg.

A Das kann doch nich so einfach mir nix, dir nix verschwinden?

B Du hast gut reden! Du hast mich mit deinem Scheiß-Wetter doch erst durcheinandergebracht!

A Jetzt bin ich auch noch schuld!

B Was hastn überhaupt gegens Wetter? So schlecht is es doch heut gar nich.

A Ich hab dich gewarnt.

A lässt B stehen und geht weiter.

DIALOG

A *off* Komm!
B Du denkst wohl, ich bin so blöd und komm, wenn du sagst »komm!«
A *off* Komm!
B Komm mir nicht so!
A *off* Komm!
B Du denkst wohl, du brauchst bloß mitm Finger schnippen und ich komm?
A *off* Komm!
B Wie kommst du überhaupt dazu?
A *off* Komm!
B Kommt nicht in Frage!
A *off* Komm!
B Ich geh.

ZIEL

A Los, weiter!
B Warum?
A Geh weiter!
B Ja, aber warum?
A Frag nicht so viel! Geh einfach weiter!
B Weiter, weiter. Warum immer weiter?
A Gehst jetzt!
B Nein!
A Schau, ich geh doch auch weiter.
B Aber deswegen muss ich doch noch lange nicht weitergehn?

Pause.

A Ich kann auch andre Saiten aufziehn, wenn du jetzt nicht weitergehst!
B Sag mir erst einen Grund, einen vernünftigen Grund, warum ich weitergehn soll?
A Hier jedenfalls können wir nicht bleiben.
B Und was bringt es, wenn wir weitergehn?
A Das wissen wir, wenn wir weiter sind! Wenn wir hier stehn bleiben, wissen wir gar nix! Los, weiter!
B Und wenn ich gar nicht weiter will?
A Ja, warum bist du dann überhaupt mitgegangen?
B Wenn ich das nur wüsste!

NAHKAMPF 4

MANN Dauernd kommste mit irgendm Scheiß daher.
FRAU Das is kein Scheiß. Es geht um uns.
MANN Immer, wenn du mit irgendsom Scheiß daherkommst, sagste: »Es geht um uns.«

ELEFANT

A Neulich dacht ich, es wird Zeit, dass ich mal wieder einen Elefanten seh. Und tatsächlich, kaum mach ich den Fernseher an, was seh ich? Einen Elefanten.

B Son Zufall.

A Nein, das is kein Zufall.

B Na, was meinste, wie oft mir so was passiert! Ich denk, schön wär jetz n Apfelkuchen. Und schon kommt meine Frau vom Einkaufen zurück und bringt ein mit.

A Ein Elefant is doch kein Apfelkuchen!

B Nee, das nich. Ich will damit auch nur sagen, dass im Leben immer alles Zufall is.

A Wenn alles Zufall wär, wärs ja kein Zufall mehr, sondern Normalfall.

B Trotzdem: Zufall is Zufall.

A Der Elefant war eben kein Zufall. Ich habn mir ja gewünscht.

B Und ich mir nen Apfelkuchen.

A Hör endlich mit deim scheiß Apfelkuchen auf. Das kann man doch nich mitnander vergleichen.

B Gut, machen wir eben ein Experiment. Du wünschst dir jetzt ganz fest n Elefanten. Und dann schaun mer mal.

A Ich will aber jetz kein Elefanten.

B Wünsch dir halt was andres!

A Ich will auch nix anderes! Ich will jetzt nix wollen!

B Jetzt is er auch noch wunschlos glücklich! Glaubstes!

A Neulich, da wollt ich einen Elefanten, jetzt nicht!

B Also, wenn ich einen Elefanten will, geh ich in den Zoo, da seh ich wenigstens richtige echte Elefanten.

A Ich hab einen richtigen echten Elefanten gesehn.

B Im Fernsehen sieht man doch keine richtigen echten Elefanten. *Lacht.* Würd ja gar nich reinpassen. Im Fernsehen siehste doch nur einen Film von einem Elefanten. Halt, falsch, weil ein Elefant ja keine Filme drehn kann. Es muss heißen: einen Film über einen Elefanten.

A Aber, wenn se einen Film über einen richtigen echten Elefanten drehn, dann is das, was du im Fernsehn siehst, ein richtiger echter Elefant.

B Wer sagtn, dass es kein nachgemachter Elefant war? Eine Attrappe?

A Das war aber keine Attrappe. Das war ein richtiger echter.

B Nein, das war kein richtiger echter. Ein richtiger echter Elefant ist für mich immer noch ein Elefant aus Fleisch und Blut. Wie die im Zoo. Da musste in den Zoo, wenn de einen richtigen echten Elefanten sehn willst.

A Ich fahr aber nich extra in den Zoo, wenn ich einen Elefanten sehn will. Wenn ich einen Elefanten sehn will, will ich ihn sofort sehn.

B Wien kleines Kind! Du hättst ja warten können, biste im Zoo bist.

A Nein, es war ja am Abend! Da war der Zoo schon zwei Stunden zu.

B Hättst halt gewartet, bis er bis wieder aufmacht. Dann hättst du wenigstens einen richtigen echten gesehn.

A Ich hab einen richtigen echten gesehn!

B Weißte was, wenn wer uns beeilen, können wir noch ein sehn, bevor der Zoo wieder zumacht. Dann zeig ich dir den Unterschied.

A Ich will aber jetzt keinen Elefanten sehn.

B Ich meins bloß gut mit dir.
A Neulich wollt ich einen sehn, jetzt nicht! Neulich!
Ich weiß doch, was ich sag!

ZWANG

für Ernst Jandl

A Ich verwechsel immer rechts und links.

B Und ich immer oben und unten.

A Oben und unten? Aber das kann man doch gar nicht verwechseln. Oben is oben, und unten is unten.

B Und ob man das verwechseln kann! Im Gegensatz zu rechts und links! Das könnt ich im Leben nicht verwechseln! Das geht gar nicht.

A Und wie das geht! Wenn zu mir einer rechts sagt, schau ich automatisch nach links. Und ich weiß schon, wo rechts is – das darfste mir glauben! –, aber in dem Moment schau ich automatisch nach links.

B Genauso bei mir. Wenn einer zu mir oben sagt, schau ich automatisch nach unten.

A Aber das is doch ganz was anderes! Oben und unten hat doch nix mit rechts und links zu tun.

B Nein, natürlich nicht! Wenn einer zu mir oben sagt, schau ich ja nicht nach rechts.

A Und wenn zu mir einer unten sagt, schau ich nicht nach links.

B Oben und rechts kann man nicht verwechseln.

A Unten und links auch nicht.

A + B Das könnt uns im Leben nicht passieren!

NAHKAMPF 5

FRAU Mach nur so weiter.
MANN Was mach ich denn?
FRAU Du willstes dir wohl mit mir verderben?
MANN Ich mach doch nix.
FRAU Wenn dus dir mit mir verderben willst, mach bloß so weiter.
MANN Ich mach doch nix. Ich mach nix, was ich sonst nicht auch mach.
FRAU Du gibstes also zu.

VERSCHWÖRUNG

A Also, der Kutzler …
B Was für ein Kutzler?
A Na, der mitm Angermeier.
B Angermeier?
A Der Kutzler und der Angermeier, und dann noch der Reiber …
B Räuber?
A Nein, Reiber. Mit »ei«.
B Kenn ich nich.
A Is ja wurscht. Also, der Kutzler, der Angermeier und der Reiber …
B Angermeier? Wart mal: Angermeier. lch mein grad, der kommt mir bekannt vor.
A Also, der Kutzler, der Angermeier und der Reiber … das hab ich vom Notnagel.
B Notnagel?
A Sag bloß, du kennst den Notnagel nicht? Der hier immer vorbeikommt?
B Nein.
A Das gibts doch nich. Das is doch n Freund vom Schellenberger, vom Erich?
B Was fürn Erich, was fürn Schellenberger?
A Den Schellenberger musste doch kennen?
B Nein.
A Den kennt doch jeder. Im Gegensatz zum Notnagel. Wo war ich?
B Beim Notnagel.
A Ja, genau: Der Notnagel, dem Schellenberger sein Freund, hat gesagt, der Kutzler, der Angermeier und der Reiber stecken alle unter einer Decke.
B Und warum?

A Das hat er nicht gesagt.

LACHEN

A Ratten lachen.
B Was?
A Ratten können lachen. Was sagste dazu?
B Du meinst wohl, ich glaub alles.
A Ich habs erst auch nich glauben wollen, aber es is wahr. Das ham se jetzt in Amerika rausgefunden.
B Es gibt doch nix, was die Amis nich glauben.
A Ein Test hats bewiesen.
B Was fürn Test?
A Die ham Ratten mit Hochfrequenzgeräten verkabelt, und dann ham se se gekitzelt.
B Wo denn gekitzelt?
A Na so, dass se halt gelacht ham. Was weiß ich, wo? War ich vielleicht dabei? So fröhliche Quietschlaute ham se ausgestoßen, wie Kinder, wenn se mitnander rumtoben. Aber fürs menschliche Ohr is es nicht zu hörn.
B Aber wenn mans nich hört, kann man doch nich sagen, dass se lachen?
A Doch. Das is eben das unhörbare Lachen.
B Unhörbar? Das is ja direkt unheimlich.
A Und stell dir vor: Wenn die Ratten schon lachen, lachen bestimmt auch die Mäuse…
B … und die Katzen …
A … und die Hunde. Und die Vögel wahrscheinlich auch. Ja, und genau, die Spatzen, die fliegen vorbei und kriegen sich nicht mehr ein vor Lachen!
B Was meinste, was erst in einem Ameisenhaufen los is! Das Gelächter von Tausenden von Ameisen!
A Die ganze Welt lacht.
B Und mir kriegens nicht mit. Weil wirs nicht hörn.

LESEN

A Was machstn da?
B Lesn! Siehste doch.
A Lies aber nich alles weg!
B Was weg?
A Na, was im Buch steht. Damit andere auch noch was davon haben.
B Ach, du meinst wohl, dass im Buch jeder Buchstabe, sobald man ihn gelesen hat, verschwindet?
A Genau.
B Und dass dann gar nichts mehr im Buch drinsteht?
A Genau. Drum sag ichs ja.
B Zu spät. Grad hab ichs ausgelesen!

NAHKAMPF 6

FRAU Warum machstn das?
MANN Ich weiß nich, warum. Ich kann nich anders.
FRAU Du weißt nicht, warum du das machst? Das gibts doch nich! Das musste doch wissen.
MANN Wenn ichs wüsst, würd ichs ja nich machen.

SCHLITZER

Ein unauffälliger HERR.

HERR Da bin ich wieder. Jetzt müsster wieder mit mir rechnen. Jetzt kriegter wieder das große Zittern. Jetzt geht euch wieder die Muffe. Aber was könnter schon dagegen machen? Nix! *Pause.* 40 Mal hab ich bereits zugeschlagen: Aber nich auf einmal. Schön langsam, nach und nach. 40 Mal, und kein einziges Mal erwischt worden! Das soll mir erst mal einer nachmachen! *Pause.* Gestern erst hab ich wieder zugeschlagen. Opfer Nummer 41. Die Polizei steht vor einem Rätsel! Ne Belohnung ham se auf mich ausgesetzt. 2.000 Euro. Dasse sich nich schämen! Das is doch gar nix. Und bis heut wissense auch nich, was fürn Tatwerkzeug ich verwende. Die tippen aufn Skalpell! Ausgerechnet! Nee, ich nehm n einfaches Tapetenmesser, das kriegste in jedem Baumarkt. *Holt eine Zeitung hervor.* Hier stehts: »Der unheimliche Schlitzer«. *Pause.* Da kriegste ne Gänsehaut schon nur beim Lesen. Ein Phantombild gibts jetzt auch von mir. Das trag ich immer bei mir. In meinem Portemonnaie. Wenn ichs anschau, grausts mir vor mir selber. *Pause.* Am Anfang die Angst, dasse ein erwischen! Die muss de erst mal überwinden! Manche Leut ham ja schon n Kick, wenn se bei Rot über die Straße gehn. So einfach bin ich nicht gestrickt. Ich brauch schon ein bisschen mehr. Ich leb erst richtig auf, wenn ich ne *liest* »Spur der Verwüstung« hinter mir her zieh. Ich brauch bloß n Messer, n Tapetenmesser und ne Textilabteilung oder ne Boutique. *Liest wei-*

ter aus der Zeitung. »Als der Mann verschwunden war, sahen die Mitarbeiter nach. Es fehlte nichts, aber alle Jacken auf dem Kleiderständer waren zerschnitten.« So musses sein. Schnell musses sein. Ruckzuck muss das gehn. Ritsch, ratsch und weg! Kleiner Schnitt und das schönste Designerkleid is im Arsch! Je teurer, desto geiler! *Pause.* Is dasn Gefühl! Keiner, ders nicht selber gemacht hat, kann da mitreden! *Er lacht auf.* Wenn die denken, dass ich morgen wieder zuschlag, ham se sich geschnitten. Ich lass se ne Weile zappeln. N paar Wochen. Und wenn se dann glauben, es is vorbei, schlag ich wieder zu. Dann bin ich wieder da! Mit mir müsster immer rechnen, mitm »unheimlichen Schlitzer«!

RÄTSEL

MANN *löst ein Kreuzworträtsel* Herrschaftszeiten, ist das ein Kreuzworträtsel! »Eins waagerecht: Was ist Liebe?« Das sind ja 1, 2, 3, 4, 5, 6, 7, 8, 9 Buchstaben! *Pause.* Da soll einer drauf kommen! *Pause.* »Eins senkrecht: Ausdruck der Zuneigung.« 1, 2, 3, 4 Buchstaben. Was isn das? *Pause.* »Kuss«, 1, 2, 3, 4. *Pause.* Passt! »Drei senkrecht: Liebe verleiht …«. Das is einfach: »Liebe verleiht Flügel«. 1, 2, 3, 4, 5, 6, 7 Buchstaben mit »ue« statt »ü«. Passt. »Drei senkrecht: Liebevolle Zuneigung.« Mit 1, 2, 3, 4, 5, 6, 7, 8, 9 Buchstaben. *Pause.* Da komm ich nicht drauf. Weiter! »Zwei waagerecht: Liebelei.« 1, 2, 3, 4, 5, 6, 7 Buchstaben. Das is die »Affaere« mit »a-e« statt »ä«. Passt. *Pause.* Was kommt jetzt? »Drei senkrecht: Liebhaber.« 1, 2, 3, 4, 5, 6, 7, 8, 9 Buchstaben. *Pause.* Das is ein »Geliebter«. Passt. Halt, da is ja noch was: »Drei senkrecht: Liebesglück.« Mit 1, 2, 3, 4, 5, 6 Buchstaben. Herrschaftszeiten! Was isn das schon wieder? Da komm ich nich drauf. Ich gebs auf. *Geht ab.*

Pause.

FRAU *kommt, nimmt das Kreuzworträtsel* Der hat ja sein Kreuzworträtsel liegen lassen. Ich solls wohl fertig raten? Was fehlt denn noch? »Eins waagerecht: Was ist Liebe?« Das kann bloß die »Zuneigung« sein. *Pause.* Stimmt! »Drei senkrecht: Liebesglück.« *Pause.* Sechs Buchstaben. »Erotik«. Stimmt! Dass der das nich weiß. Fehlt bloß noch: »Drei senkrecht: Liebevolle Zuneigung.« 1, 2, 3, 4,

5, 6, 7, 8, 9 Buchstaben. »Romantik«. Stimmt nich. Das wärn 1, 2, 3, 4, 5, 6, 7, 8 Buchstaben. »Geborgenheit«. Stimmt nich. Das wärn 1, 2, 3, 4, 5, 6, 7, 8, 9, 10, 11, 12 Buchstaben. »Zärtlichkeit«, das sind 1, 2 – mit »ae« – 3, 4, 5, 6, 7, 8, 9, 10, 11, 12, 13.

Der Mann kommt zurück.

FRAU Was isn eine liebevolle Zuneigung mit neun Buchstaben?

MANN Siehste, du kriegstes auch nich raus.

DER BRIEF

Ein Mann sitzt über einem Blatt Papier.

MANN Da schreibt man sich die Finger wund, und was is? Nix! *Pause.* Als hätt ich nie was geschrieben! *Pause.* Also wenn mir einer schreiben würd: »Ziehen Sie in eine Gegend, die zu Ihnen passt, Sibirien zum Beispiel!«, ich gäb keine Ruhe, bis ich rausgekriegt hätt, wer die Drecksau is, die so was schreibt. *Pause.* Aber denen kannste schreiben, was de willst! »Sie sind keine Familie, Sie sind ein Scheißhaufen.« Schwerere Geschütze kann ich nich auffahrn. Und was is? Nix! Keine Reaktion! Oder meine Neujahrskarte: »Für das neue Jahr wünsche ich Ihnen Pest, Aids und Krebs an den Hals.« Schlimmer gehts doch nicht, oder? Is doch nicht normal, wenn man sich da nicht aufregt? *Pause.* Dabei müssten se inzwischen doch wissen, wer ihnen ein Brief nachm andern schreibt! So blöd können se doch gar nich sein! Ich schreib ja Sachen, die nur jemand wissen kann, der im selben Haus wohnt! Viel Auswahl ham se da nich. *Pause.* Die sind nur zu faul, dasse nich zur Polizei gehn! Die würdens in Nullkommanix rauskriegen. Bräuchten bloß meine Fingerabdrücke nehmen. Sind ja genug auf dem Briefkasten drauf. *Pause.* Ich schreib doch nich zu meim Vergnügen! Ich will, dass es einen Prozess gibt, einen Prozess gegen mich, dann kann ich endlich auspacken! Und ich werde auspacken! *Pause.* Aber die denken wohl, wenn se nix unternehmen, hör ich wieder auf? Da ham se sich getäuscht! Ich mach weiter! Schau mer mal, wers länger durchhält, die oder ich! *Pause.* Wenn ich nur wüsst, was ich denen noch schreiben soll? Mir fällt nix mehr ein.

FUSSGÄNGERZONE

MANN Ich lass mich doch nich verarschn! *Pause.* Dauernd kommt jemand angeschissn. *Pause.* Alle wolln se ein bloß belästigen. *Pause.* Man kann schon nich mehr durch die Fußgängerzone gehn, ohne belästigt zu werden. Der reinste Spießrutenlauf. *Pause.* Da stehn welche von so Sekten rum, in dunklem Anzug und Krawatte, die eim ihr Blättchen vom Jüngsten Gericht andrehn wolln. *Pause.* Und Mädchen mitm Block in der Hand, die jedes Mal, wenn de vorbeikommst, ne Umfrage mit dir machn wolln. *Pause.* Und an jeder Ecke einer, als Denkmal verkleidet, und will fürs Rumstehn auch noch Geld! *Pause.* Pustekuchen! Von mir kriegn die nix. *Pause.* Ich lass mich doch nich verarschn! *Pause.* Was zu viel is, is zu viel! *Pause.* Überall wolln se ein bloß aufhaltn. *Pause.* Ich seh zu, dass ich weiterkomm. *Pause.* Ich geh ja nich zu meim Vergnügen in die Stadt. *Pause.* Ich kauf ein. *Pause.* Und wenn da jemand die Frechheit besitzt und mir son Prospekt in die Hand drückt, zerknüll ichn und schmeißn in nächsten Papierkorb. *Pause.* So wie dieser Clown! Einer mit so ner roten Nase, der Luftballons verteilt hat. Werbung für son neues Geschäft. *Pause.* Der Arsch is hinter mir her und hat mich nachgeäfft. *Pause.* Wenn ich was nich leidn kann, is, wenn mich jemand nachäfft. *Pause.* Ich lass mich doch nich verarschn! Und von so einem schon gleich gar nicht! *Pause.* Ich kann Clowns sowieso nicht ausstehn. *Pause.* Wie kann n erwachsner Mensch bloß n Clown machn! *Pause.* Hab ich als Kind schon nich gemocht, wenn ich mit meiner

Mutter in Zirkus gegangen bin. *Pause.* Ich wollt immer in Zirkus ohne Clowns. *Pause.* Ich lache, wenns mir passt! *Pause.* Und der Kerl besitzt auch noch die Frechheit und macht mich nach! Meinen Gang, meine Bewegungen, was ich fürn Gesicht mach, alles hat er nachgemacht! *Pause.* Ich lass mich doch nicht verarschn! Ich wollt ihn zur Rede stelln. Bin zu ihm hin. *Er macht es vor.* Aber der hat nicht aufgehört mit seim Affentheater. Da hab ich ihm nen Kinnhaken verpasst, dass er ins Torkeln gekommen is. *Er macht es vor.* Und dann hab ich ihn weiter fertiggemacht, so lang, bis er aufm Boden lag. *Er macht es vor.* Ich hab ihm dann noch in die Seite getretn, bis er k. o. gegangen is. *Macht es wieder vor. Pause.* Jetz bin ich wegen vorsätzlicher Körperverletzung dran. *Pause.* Aber das wars mir wert. *Pause.* Ich lass mich doch nicht verarschn!

NAHKAMPF 7

FRAU Sei nich immer gleich eingeschnappt.

MANN Was?

FRAU Du sollst nich immer gleich eingeschnappt sein.

MANN Bin ich gar nich.

FRAU Doch. Weil dir nich passt, was ich gesagt hab.

MANN Was gesagt?

FRAU Jedes Mal, wenn man dir was sagt, was dir nich passt, biste gleich eingeschnappt.

MANN Du hast doch gar nix gesagt.

FRAU Klar hab ich was gesagt.

MANN Ich hab aber nix gehört.

FRAU Weil de eingeschnappt bist. Dann hörste nich mal mehr was.

AZALEE

Ein Mann mit einer Plastiktüte.

MANN Hier isse drin. Hier, in dieser Plastiktüte. *Pause.* Die Leiche. *Pause.* Keine Angst, nicht von nem Menschen. Würd da auch gar nich reinpassen. Von nem Tier auch nich, also: keine menschliche oder tierische Leiche. Was bleibt da noch? *Pause. Holt einen Blumentopf aus der Tüte.* Genau, eine Pflanze isses, oder besser, war es. Und jetzt isse verwelkt, verdorrt und vertrocknet. Nich maln Experte könnt noch erkennen, wasses mal für eine war. *Pause.* Ich sags Ihnen: Eine Azalee wars. Das heißt, es hätt eine werden solln. Ist aber keine geworden! *Pause.* Dabei solln se unverwüstlich sein. Brauchen kaum Pflege, kaum Wasser, weil es Wüstenblumen sind, die leben von Licht, Luft und Sonne. »Genau das Richtige für einen Junggesellen!«, hat der Verkäufer noch gesagt. *Pause.* Ich hab se so gegossen, wies mir erklärt wurde. Nich mehr und nich weniger. Mit nem Messbecher. Genau nach Vorschrift. Ich bin schließlich beim Eichamt. Mit dem Erfolg, dasse schon nach vierzehn Tagen ihre Blätter hängen ließ. Das darf doch nich sein: Macht die Pflanze nach vierzehn Tagen schon schlapp. Wenn se auch nur fünf Euro fünfzig gekostet hat, aber fünf Euro fünfzig sind nun mal fünf Euro fünfzig. Wenn ich was für fünf Euro fünfzig kauf, möcht ich auch was für fünf Euro fünfzig ham. Und keinen Schrott! Ist mein gutes Recht. Ware gegen Geld! So funktioniert das! Ich lass mich doch nich für dumm verkaufen. Ich bin beim Eichamt. Ich weiß, was Menschen sich alles einfallen lassen, um andre zu bescheißen. Mit mir nicht! *Pause.* Ich also kurz entschlossen die Azalee gepackt, bin zum Blumenladen und hab den Chef holen lassen. Keinen Verkäufer, der nix zu sagen hat. Nicht zu Schmidtchen, zu Schmidt musst du gehen! *Pause.* Ich die Azalee aus der Plastiktüte raus und dem Blumenladenbesitzer in die Hand gedrückt. »Was sagen Sie dazu? Raus mit der Sprache! Das hab ich bei Ihnen als Azalee gekauft. Die soll sich angeblich jahrelang halten. Und was ist damit? Nach vierzehn Tagen?« Sagt er, ich hätts nich richtig gegossen, obwohl ichs genauso gemacht hab, wie es mir der Verkäufer erklärt hat. Keinen Deut anders. Noch dazu mitm Messbecher. Wozu bin ich beim Eichamt? *Pause.* Wissen Sie, was er da zu mir gesagt hat, der Herr … nee, sein Namen nenn ich lieber nich. Ich kann mir keinen weiteren Ärger mehr erlauben. Wissen Sie, was er gesagt hat? Er sei nicht schuld, wenn ich Wasser spare. Sag ich, ich hab kein Wasser gespart. Auf das bisschen Wasser kommts mir nich an, wenn ich auch nich einseh, dass ne Wüstenpflanze genau so viel Wasser braucht wie ne Wasserpflanze. Wenn er will, kann ichm sogar den Messbecher zeigen, mit dem ich se gegossen hab. *Pause.* Sagt er, ich soll mich nich so aufregen, und er würd mir das Geld zurückgeben. Die fünf Euro fünfzig. Hat er wohl dochn schlechtes Gewissen gehabt, aber auf den Kuhhandel hab ich mich nich eingelassen. Sag ich, wenn ich ne Azalee kauf, will ich auch ne Azalee ham. Wer weiß, was das war. Alles, nur keine Azalee. Sagt er, das wär aber eine geworden, ganz bestimmt sogar, wenn ich se nur richtig gegossen hätt … Sag ich, das is aber keine geworden, schaun Se sich den Schrott doch mal an!

Und ich hab se richtig gegossen, schade, dass ich den Messbecher nich dabei hab, sonst würd ichs Ihnen nämlich beweisen. *Pause.* Aber der hat nich mal hingehört, der hat einfach weitergeredet und gesagt: »Wenn man eine Pflanze nicht gießt, das ist genauso, wie wenn man Ihnen so lange die Nase zuhält, bis Sie ersticken.« In meiner Wut hab ich ihn nich richtig verstanden. Ich habs auf mich bezogen. Ich hab gedacht, der meint mich: »Ich halte Ihnen die Nase zu, so lange, bis Sie ersticken.« Das isses, was ich gehört hab. »Ich halte Ihnen die Nase zu, bis Sie ersticken.« Da bin ich ausgerastet. War nich mehr Herr meiner selbst. War ein anderer. Und der hat dann aus dem Blumenladen Kleinholz gemacht. *Pause.* Irgendwann hat der Besitzer die Polizei gerufen und die hat mich dann überwältigt und abgeführt. Der Besitzer hatte einen Nasenbeinbruch, sein Laden war total im Arsch. So wie bei mir die Azalee. *Pause.* Zweieinhalb Jahre wegen Körperverletzung und Sachbeschädigung. Auf Bewährung, weil ich mir vorher nix zu Schulden hab kommen lassen. Und wegen der Vorstrafe bin ich noch ausm Eichamt rausgeflogen. *Pause.* Die Azalee hat mein Leben zerstört. Warum musstes auch ne Azalee sein? Ausgerechnet ne Azalee! Aber weiß ich, ob es wirklich eine war?

Er steckt den Topf wieder in die Plastiktüte und geht.

KAKTEEN

MANN Ich möcht nicht mit dir reden.
FRAU Meinst du, ich?
MANN Aber ich muss.
FRAU Nur zu.
MANN Machn wirs also kurz.
FRAU So kurz wie möglich.

Pause.

MANN Ich hätt gern gewusst, was mit meinen Kakteen is.
FRAU Die sind eingegangen.
MANN Gut, dann schuldest du mir fünfhundert Euro.
FRAU Fünfhundert Euro? Für deine Scheiß-Kacktusse?
MANN Das sind keine Kaktusse. Das sind Kakteen.
FRAU Mir doch egal!
MANN Oder besser, es waren Kakteen.
FRAU Hättst se halt mitgenommen.
MANN Du hast mich ja rausgeschmissen. Nur das Nötigste hab ich mitnehmen können.
FRAU Dann warn se dir, scheints, auch nicht so wichtig, wenn se nich »nötig« warn.
MANN Wie hätt ich se denn auch transportieren solln?
FRAU Wärst halt nochmal mitm Auto gekommen und hättst se geholt.
MANN Du warst ja nie daheim!
FRAU Hättst angerufen.
MANN Was war denn, wenn ich angerufen hab? Sofort aufgelegt haste. Und das seit einem dreiviertel Jahr.

FRAU Genau. Seit einem dreiviertel Jahr hab ich Schluss gemacht. Seit einem dreiviertel Jahr is alles aus, und jetz kommste auf einmal daher …

MANN Du gibstes also zu, dass du sie eingehn hast lassn! Seit einem dreiviertel Jahr!

FRAU Weißt du was? Deine Kacktusse gehen mir am Arsch vorbei.

MANN Kakteen sind das, Kakteen!

NAHKAMPF 8

FRAU Von jetzt an mach ich nur noch, was ich will.
MANN Machs halt!
FRAU Und ob ichs mach!
MANN Red nich! Machs!
FRAU Das passt dir wohl nich, dass ich mach, was ich will?
MANN Ich hab nur gesagt, du sollst nich lang rumreden, du sollstes einfach machen.
FRAU Du hast mir gar nix zu sagen. Denn ich mach jetzt, was ich will.
MANN Warum kommstn dann überhaupt zu mir? Ich soll dir wohl auch noch sagen, was du willst!
FRAU Das sagste bloß, weil de nich willst, dass ichs mach! Ich kenn dich.
MANN Ich dich auch! Du weißt nämlich nich, was du willst!
FRAU Ich weiß genau, was ich will.
MANN Eben nich. Und deshalb soll ichs dir sagen. Ich! So wars doch immer!
FRAU Das is vorbei. Jetzt wird alles anders.
MANN Ich halt dich nicht auf.

Frau geht. Lange Pause.

MANN Und was mach ich jetzt?

MARMELADE

FRAU Kurz nach der Tagesschau wars, das weiß ich noch ganz genau. »Ich geh schnell nochmal in den Keller runter«, hat er gesagt. »Ne Marmelade raufholn.« *Pause.* Der Krimi fing an, aber gekommen is er nicht. Ich dacht schon, was machtn der so lang im Keller? Da tut man doch nich lang rum: ein Griff ins Regal und schon hat man die Marmelade! Wenns hochkommt, hätt er grad mal fünf Minuten brauchen dürfen. Der Krimi hatte längst angefangen und er kommt nicht! Er wolltn doch sehn, nicht ich. *Pause.* Als er nach ner Viertelstunde immer noch nich zurück war, bin ich schon ein wenig unruhig geworden. Man macht sich ja automatisch Sorgen, wenn was nich so is, wies sein soll. Vielleicht is ihm im Keller was passiert? Kommt ja immer wieder mal vor, dassn Mann in seim Alter, der auf die siebzig zugeht, aus heiterm Himmel einfach so umkippt! Ich hab den Fernseher ausgemacht – ich hab den Krimi ja sowieso nich sehn wollen – und bin auch runter. Alles dunkel. Keine Spur von meinem Mann. Nur seine Hausschuh, die sind direkt vor der Kellertür gestanden. Seine Hauschuh warn da, aber wo war er? Im ersten Moment dacht ich, der hat sich irgendwo versteckt, der will mir bloßn gehörigen Schrecken einjagen! Aber da hab ich mich getäuscht! Wie wenn er sich in Luft aufgelöst hätt. Da hab ichs mit der Angst gekriegt! Geschrien hab ich! Aber in dem Keller, da kannste schrein so viel de willst, da hört dich keiner. *Pause.* Ich hab seine Hausschuh gepackt und bin wieder in die Wohnung. Was hätt ich auch sonst tun solln? Ich dacht noch, dass er mit der Marmelade längst wieder oben sein müsste. Aber oben war er natürlich auch nicht. Ich hab die Hausschuh in die Garderobe gestellt, wo se immer stehn, wenn er se nich wieder irgendwo rumliegen lässt, und bin ins Wohnzimmer. Den Fernseher hab ich nich mehr eingeschaltet. Der Krimi hat mich ja eh nicht interessiert. Noch nie. Aber er hat ihn immer sehen wollen. Immer nur den Krimi, jeden Sonntag, nie was anderes, seit 40 Jahren. *Pause.* Ich hab gewartet und gewartet und gewartet und aufs Telefon geschaut, als obs jeden Augenblick klingeln müsst. *Pause.* Meine Nerven ham angefangen zu flattern. Es is immer schlimmer geworden. Aus lauter Verzweiflung hab ich nach und nach sein Zimmer aufn Kopf gestellt! Aber nix, kein Hinweis, rein gar nix! *Pause.* In so ner Situation schießen eim tausend Gedanken durchn Kopf, bis nur noch einer übrig ist: Der bringt sich um, dacht ich. Allmächtiger Gott, der is imstand und machts! *Pause.* Und weil ich die Warterei nich mehr ausgehalten hab, und die Scheiß-Angst noch dazu, bin ich in der Wohnung hin und her gelaufen. Immer von einem Eck zum andern. Es is neun Uhr geworden, halb zehn, zehn, halb elf, aber an Schlaf war nicht zu denken. Bin ich an der Garderobe vorbeigekommen, hab ich immer wieder die Hausschuh anschaun müssen, ich hab se in die Hand genommen, als ob sie mir was erzählen könnten. Ich hab sogar reingeschaut, ob nich was drin is, ein Abschiedsbrief oder so! Nix! Wenigstens schreiben hätt er mir ja können. *Pause.* Nein, hab ich plötzlich gedacht, nein, umbringen, das macht er nich, da is er nicht der Typ dazu. Dazu hat er gar nicht den Mumm. *Pause.* Und dann hab ich mich hingehockt und gewartet, wie die Zeit vorbeigeht. Elf, zwölf. Vielleicht trinkt er irgendwo in ner Kneipe auch bloß n paar Pils? Was anders trinkt er ja nich, immer bloßn Pils. Und dann is es eins geworden. Um die Zeit machen die letzten Kneipen zu, da müsst er um halb zwei heimkommen! *Pause.* Als er um zwei noch immer nich da war, konnt ich nich anders, in meiner Verzweiflung hab ich seine Mutter angerufen. Aber das war das Falscheste, was ich machen konnte. Die hat nich lang rumgeredet, die hat mir gleich die Schuld dafür gegeben, dass er abgehaun is. »Abgehaun«, hat se gesagt. Und was ich denn glauben tät, warum er mitten in der Nacht ne Marmelade hätt holen wollen. *Pause.* Und dann is es drei geworden, vier, fünf, sechs – diese Nacht werd ich mein Lebtag nicht vergessen. Um sieben bin ich zur Polizei und hab eine Vermisstenanzeige aufgegeben. Die Polizisten ham das Ganze noch runtergespielt. Männer verschwinden öfter mal, ham se gesagt, die meisten kommen aber wieder. *Pause.* Der is aber nicht wiedergekommen! *Pause.* Der hat sich auch nicht mehr gemeldet. *Pause.* Bei mir nicht. Bei seiner Mutter nicht. Bei der Polizei nicht. Bei keinem. Nix! *Pause.* Von wegen Marmelade!

SELBSTMORD

A stellt sich B in den Weg.

A Von Ihnen hört man ja schöne Sachen!
B Von mir? Wieso?
A Na, das mitm Selbstmord.
B Selbstmord? Ich? Aber ich leb doch noch.
A Eben.
B Was heißt denn da eben?
A *holt eine Zeitung hervor, liest* »Ein 42-Jähriger aus Schweinau hat im Streit mit seiner Frau eine Bluttat nur vorgetäuscht.«
B Vorgetäuscht? Ich? Da täuschen Se sich.
A Sie sind doch ungefähr zweiundvierzig?
B Das geht Sie gar nix an!
A Und eine Frau ham Sie sicher auch.
B Ja schon, aber …
A Sehen Sie. Leugnen is zwecklos. Sie ham sich mit Ihrer Frau gestritten. Und deswegen wollten Sie ihr mal son richtigen Schrecken einjagen. *Liest.* »Aus Rache für den Streit.«
B Also, da hört sich doch alles auf.
A *liest weiter* »Als die Frau« – also Ihre Frau natürlich – »mit ihrer Tochter vorübergehend das Haus verließ, legte er« – also Sie – »sich mit einem großen Messer auf das Wohnzimmersofa und schüttete sich Rotwein und Paprika« – sone Sauerei! – »über Bauch und Brust.«
B Sie, wenn Sie nicht sofort …
A *liest weiter* »Bei ihrer Rückkehr glaubte die Frau tatsächlich, ihr Mann« – also Sie – »habe sich umbringen wollen« – wie blöd kann man sein – »und

alarmierte Notarzt und Polizei. Die Beamten entlarvten den Schwindel als üblen Scherz und erstatteten Anzeige wegen Missbrauch eines Notrufs.« Dass ich nicht lach! Hätten Ses lieber richtig gemacht.

B Sie, wenn Sie jetz nich … Sie können mir doch nich einfach was aus der Zeitung vorlesen und behaupten, das wär ich. Das bin ich gar nicht!

A Können Sie das beweisen?

B Ich bin ja nicht mal verheiratet.

A Das kann jeder behaupten.

B Und eine Tochter hab ich auch nicht!

A Nicht? Ich hätt jetz schwörn können …

B Und ich wohn auch nicht in Schweinau. Ich wohn in Mögeldorf. *Geht wütend ab.*

A *sieht nochmal in die Zeitung* Aber sonst passt alles haargenau.

NAHKAMPF 9

MANN Das soll ich gesagt ham?

FRAU Und ob du das gesagt hast.

MANN Das hab ich nie gesagt.

FRAU Streits nich ab.

MANN Ich streit gar nix ab, weil ichs ja nich gesagt hab.

FRAU Jetzt mach aber mal halblang: Ich werd doch noch wissen, was du gesagt hast.

MANN Ich weiß zwar nich mehr, was ich gesagt hab, aber eins weiß ich ganz bestimmt: Das, von dem du gesagt hast, dass ichs gesagt hab, hab ich nicht gesagt.

FRAU Und ob du das gesagt hast, sonst würd ichs doch nicht sagen!

BUS

FRAU Ich fahr nimmer mitm Bus. Da kriegen mich keine zehn Pferde mehr rein! Das war das letzte Mal … *Pause.* Da warn Mann. Nicht alt, sechzig vielleicht. Dem sein Gesicht hätten Se mal sehn solln! Böse is gar kein Ausdruck! Regt sich auf, weil ihn ein Junge angerempelt hat! Nicht mit Absicht, der hat sich gleich bei ihm entschuldigt. Und wenn ich es schon gehört habe, muss er es auch gehört haben. Wie hat der aber rumgebrüllt! Mir isses ganz anders geworden. *Pause.* Und der Penner vor mir hat auch noch so gestunken! Ich hab ja nix gegen die armen Teufel. Manche können ja wirklich nichts dafür. Gott sei Dank isser gleich wieder ausgestiegen. Und wissen Sie, was ich da auf seinem Sitz gesehen hab? *Pause.* Einen Fleck, einen nassen Fleck! Macht im Bus in die Hose! *Pause.* Und die Luft! Der Gestank! Hinter mir, da hat einer fürchterlich nach Schweiß gestunken. Und wenn ich etwas nicht leiden kann, dann, wenn einer nach Schweiß riecht. *Pause.* Und Platz hatt ich auch keinen. Der Mann neben mir hat mich mit seinen Plastiktüten fast gegens Fenster gequetscht. Eine Rücksichtslosigkeit sondergleichen! *Pause.* Die Menschen können sich einfach nicht mehr benehmen. Egal, wo man hinkommt. Jeder ist sich selbst der Nächste! Als wären sie alle allein auf der Welt! Ich bin doch auch noch da. Und ich hab auch meine Rechte! Aber das ist denen egal. Hauptsache, sie können sich vordrängen! Jeder will der Erste sein! *Pause.* Meinen Sie, dieser rücksichtslose Kerl neben mir hätte mich rausgelassen, als ich aussteigen wollte? Ich musste sogar zum Busfahrer vorbrüllen – obwohl ich das hasse –, sonst wäre ich nicht einmal mehr an meiner Haltestelle rausgekommen! *Pause.* Und dann diese Leute! Die haben alle nur gegrinst. So weit ist es schon! Grinsen ist das einzige, was die noch können. Und wenn sie nicht grinsen, glotzen sie auf ihre Handys. Sie glotzen und drücken und drücken und glotzen. *Pause.* Aber ich darf mich nicht so aufregen. Aufregung ist Gift für mich. *Pause.* War ich froh, als ich endlich wieder draußen war! Ich sag Ihnen: Sowas passiert nur im Bus, immer nur im Bus. *Pause.* Ich darf gar nicht daran denken, was passiert wäre, wenn ich auch nur eine Minute länger drin geblieben wäre!

RAUCH

Ein Mann und eine Frau auf einem Balkon, der in Rauchschwaden gehüllt ist. Der Mann hat einen Eimer Wasser in der Hand, hält ihn über die Brüstung.

FRAU Tus nicht!
MANN Und ob ichs tu!
FRAU Komm lieber rein und mach die Tür zu!
MANN Jeden zweiten Tag, und immer aufm Balkon. Ich würd ja nix sagen, wenn ses nur zweimal im Monat machen würden, aber doch nicht jeden zweiten Tag!
FRAU Sags halt dem Hausmeister!
MANN Du bist gut! Dem kannste sagen, was de willst. Der steckt doch mit denen unter einer Decke!
FRAU Komm schon rein! Sonst ham wer den ganzen Rauch im Wohnzimmer.
MANN Hoffentlich treff ich ihn. Is bloß nich so einfach von hier oben. Mach gleich noch nen Eimer voll, im Fall, dass ich nich treff!

Seine Frau greift nach dem Putzeimer. Beide ziehen daran.

FRAU Lass bleiben! Der schlägt dich noch grün und blau.
MANN Das soll der mal probiern. Dann zeig ich ihn an.
FRAU Das ist ein ganz ein brutaler Schläger! Und sie is auch nich viel besser!
MANN Eine Chance geb ich ihnen noch. Eine allerletzte! *Brüllt runter.* Sie da unten, ja, Sie mein ich,

machen Sie sofort Ihren Grill aus, sonst passiert was!

FRAU Komm endlich rein!

MANN *schreit noch einmal runter* Ihnen wird das Lachen schon noch vergehen!

FRAU Komm rein! Ich fleh dich an. Mit solchen Leuten darf man nix anfangen! Die sinds nich wert, dumm wie die sind. *Pause.* Hast schon mal gesehn, wie tätowiert die sind, alle beide? Denen möchte ich nicht im Dunkeln begegnen. Die machen Kleinholz aus dir!

MANN *kleinlaut* Vielleicht haste recht. Die sind imstand und machen das ...

FRAU Und ob die das machen!

MANN Aber wenn keiner gegen die was macht, hört das ja nie auf.

FRAU Gegen die kommen wir nicht an.

Sie stellen den Eimer ab, gehen zurück in die Wohnung, machen die Tür hinter sich zu.

NACHBARN

Ein Mann und eine Frau vor einer Tafel, auf der in großen Lettern »IDIOT« steht.

MANN Siehste das? Die Tafel da! Der hat ne Tafel in seim Garten aufgestellt!
FRAU Tu, als würdstes nich sehn …
MANN Können vor Lachen!
FRAU Einfach nicht hinschaun, als wärs gar nicht da.
MANN Die is aber da.
FRAU Probiers halt!
MANN Seit der eingezogen is, geht das so.
FRAU Der wartet doch bloß drauf, dass du dich aufregst! Den Gefallen darfst ihm nich tun.
MANN Ich möcht bloß wissen, was der gegen mich hat.
FRAU Du musst tief einatmen. Und dann machste die Augen zu.
MANN Ich hab ja nix gegen ihn gehabt. Damals noch nicht.
FRAU Bitte, mach, was ich sag!
MANN Jeden Tag schikaniert er uns mit was andrem. Was bezwecktn der damit?
FRAU Du musst ruhig atmen.
MANN Der hats auf mich abgesehn!
FRAU Ein und langsam wieder aus. Und ganz wichtig: langsamer aus- als einatmen.
MANN Der will mich kaputt machen! Der will, dass ich tot umfall.
FRAU Und ein und aus! Du musst schon mitmachen. Komm, ich machs dir vor. *Sie atmet ein und aus.*

MANN Du glaubst doch nich, dass das was hilft? *Er atmet nun auch ein und aus.*

FRAU Ein und aus … und an nix denken … So is recht … die Augen schön zulassen. Die Tafel is weg. Da is keine Tafel. Da war nie eine … neben uns wohnt niemand … und eins und zwei … neben uns is nix wie Luft … und einatmen … Luft … und eins und zwei … nix wie Luft!

Sie atmen beide mit geschlossenen Augen ein und aus.

NAHKAMPF 10

MANN Machs dir nich selber schwer.
FRAU Du hast leicht reden.

ANGEBOT

1\. FRAU In die Bäckerei in der Wilhelm-Späth-Straße geh ich nich mehr.

2\. FRAU Da war ich noch nie.

1\. FRAU Seins doch froh. Da is ne Verkäuferin. Die hat immer was, was se mir andrehn will: »Das ham wer heut im Angebot.« Drei Mohnschnecken für zwei Euro siebzig. Oder fünf Krapfen für vier Euro zwanzig. Und dann nehm ich plötzlich drei Mohnschnecken oder fünf Krapfen, obwohl ich gar keine will.

2\. FRAU Sie brauchen das doch nich kaufen, was im Angebot is.

1\. FRAU Doch, ich muss. Das is wien Zwang. Die braucht bloß »Angebot« zu sagen, und ich kaufs. Dagegen kann ich nix machen. Ich will nur zwei Brezen. Und was kauf ich? Fünf Mohnschnecken und drei Krapfen.

2\. FRAU Ich dachte, umgekehrt: Drei Mohnschnecken und fünf Krapfen!

1\. FRAU Sehns, wie durchnander ich schon bin.

EIERLIKÖR

Zwei Frauen trinken Eierlikör.

1. FRAU Nirgends gibts mehr Eierlikör.
2. FRAU Im Supermarkt schon.
1. FRAU Ja, geben tutsn, das mein ich nich, aber nirgends wird einem mehr einer angeboten! Früher konntste hinkommen, wo de wolltest: Das Erste war, dass dirn Eierlikör angeboten wurde.
2. FRAU Nehmen Sie noch einen?
1. FRAU Ich spür schon das eine Glas.
2. FRAU Ach was, is doch bloßn Gläschen.

Die 2. Frau gießt beiden nochmal ein.

2. FRAU Wohlsein!
1. FRAU Nee, lieber nich. Bei mir dreht sich schon alles.
2. FRAU Einer noch. Sie werden sehn, dann gehts wieder.
1. FRAU Aber bloß noch einer. *Sie trinkt.*
2. FRAU Und?
1. FRAU Was und?
2. FRAU Na, der Schwindel.
1. FRAU Immer noch da.
2. FRAU Der kann ja auch noch nich weg sein, weil Se noch nich ausgetrunken ham. Los, runter damit, und weg mitm Schwindel.
1. FRAU Aber ich kann nicht so schnell …
2. FRAU Schaun Se mich an. *Sie gießt sich noch mal ein.* Erst austrinken, dann gibts noch ein.
1. FRAU Nee, nee, besser nich.

2. FRAU Ach, was! Aller guten Dinge sind drei.

1. FRAU Ich hab in meim Leben noch nie drei Eierlikör getrunken.

2. FRAU Dann wirds Zeit. Prost!

1. FRAU Zwei war das höchste der Gefühle.

2. FRAU Schmeckt er Ihnen nich?

1. FRAU Schon. *Sie trinkt aus.*

2. FRAU Na, sehn Se, geht doch. *Sie gießt wieder ein.*

1. FRAU Erinnern Se sich noch an die Waffeln?

2. FRAU Welche Waffeln?

1. FRAU Na, wo der Eierlikör drin war.

2. FRAU Ja, und wenn man ausgetrunken hatte, konnt man die aufessen.

1. FRAU Hab ich nie. Wollt mir den guten Geschmack vom Eierlikör nicht verderben. *Trinkt.*

2. FRAU Und? *Pause.* Was macht Ihr Schwindel?

1. FRAU Weg.

2. FRAU Sehn Se. *Sie gießt nochmal ein.* Ein Tisch hat vier Beine, sonst wackelt er.

1. FRAU Nicht so schnell. Um Gotteswillen, nicht so schnell!

2. FRAU Ich hab bloß schon mal eingeschenkt. Sie müssen ihn ja nich gleich trinken. *Pause.* Wenn ich nur wüsste, wie die Eierlikör-Marke hieß?

1. FRAU Verporten.

2. FRAU Verboten? Was is ver…

1. FRAU *überdeutlich* Verporten.

2. FRAU Ich versteh gar nix mehr. *Trinkt.*

1. FRAU Verporten. So hieß er doch, der Eierlikör.

2. FRAU Ja, genau. Dass ich da nich draufgekommen bin. Verporten.

1. FRAU *zitiert* »Ei, ei, ei, Verporten, Verporten allerorten.«

Pause.

2. FRAU Sie trinken ja gar nich.

1. FRAU Gleich.

2. FRAU Also, wenn Se das jetzt nich trinken, bin ich Ihnen ernstlich böse!

1. FRAU *nippt schnell am Glas* Meine Tante Käthe hatte immer ne Flasche Eierlikör in ihrm Kleiderschrank. Daher roch der auch immer so muffig, nach Mottenpulver. Pfui Teufel! Da hats mich jedes Mal gehoben, wenn Tante Käthe mir einen angeboten hat.

2. FRAU Hörn Se bloß auf! *Sie kämpft mit sich.*

1. FRAU Ich hab mich vor Tante Käthes Eierlikör richtiggehend geekelt. Am liebsten hätt ich se gar nich erst besucht, so schlecht is mir immer geworden.

2. FRAU Aufhörn! Hörn Se auf! Bitte! Ich glaub, mir wirds …

1. FRAU Selber hat se ja kein getrunken. Nur fürn Besuch hat sen aufgehoben. Also für mich. Sonst hat se ja niemand besucht. Ablehnen konnt ichn nich, sonst wär se mir böse gewesen. Wenn er nur nich so muffig gerochen hätt. Ich hab Tante Käthes Eierlikör einfach nicht vertragen. Mir war hinterher immer speiübel.

Die 2. Frau springt auf, hält sich den Mund zu und rennt raus.

1. FRAU *gießt sich ein* Aber der is gut. Und der Schwindel is auch weg. *Sie trinkt.*

NAHKAMPF 11

FRAU Schrei mich nich an.

MANN Ich schrei doch gar nich.

FRAU In einer Tour schrein, was andres fällter nich ein.

MANN Ich schrei nich. Wie oft soll ichn dir noch sagen, dass ich nich schrei?

FRAU Du schreist schon, wenn de den Mund aufmachst.

MANN Ich schrei nich! Ich denk ja gar nich dran zu schrein!

FRAU Und wie! Und wie du schreist! Du solltest dich mal hörn!

MANN Das hättste wohl gern, dass ich schrei? Aber den Gefallen tu ich dir nicht!

VORSTELLUNG

MANN 1 Was glotzen Se mich so an?
MANN 2 Ich wollt doch nur Guten Tag sagen.
MANN 1 Von wegen. Anglotzen tun Se mich. Ich hab nix angestellt. Ich hab mir nix vorzuwerfen!
MANN 2 Guten Tag, ich wollt bloß kurz vorbeischaun.
MANN 1 Sie schaun nich, Sie glotzen!
MANN 2 Ich glotz nich. Und wenn man Guten Tag sagt, muss man denjenigen auch anschauen.
MANN 1 Anschaun is was andres. Ich werd doch noch wissen, was der Unterschied is zwischen anschaun und glotzen! Sie schaun mich jedenfalls nicht an! Sie glotzen!
MANN 2 Wenn Sie das für glotzen halten, wenn ich schau, dann is das Ihr Problem.
MANN 1 Mein Problem solls sein, wenn Sie glotzen? Soweit kommts noch!
MANN 2 Andere wären froh, wenn man bei ihnen vorbeischaut.
MANN 1 Ich auch. Ich hab nur was dagegen, wenn man mich anglotzt.
MANN 2 Ich schau bei Ihnen jedenfalls nie mehr vorbei.
MANN 1 Sie schaun ja auch nicht, Sie glotzen!
MANN 2 Ich sag auch nix mehr zu Ihnen!
MANN 1 Das wird das Beste sein.
MANN 2 Nicht mal Guten Tag.
MANN 1 Darauf kann ich verzichten!
MANN 2 Übrigens: Ich bin Ihr neuer Nachbar.

WACHE

Ein Paar in Handschellen.

FRAU Da sitzn wer wieder.
MANN Wie bestellt und nich abgeholt.
FRAU Ich will heim.
MANN Da wirste schon noch warten müssen.
FRAU Bis morgen früh mindestens.

Pause.

FRAU Die lachn doch bloß noch, wenn se uns sehn.
MANN Über mich nich. Die lachen über dich.
FRAU Ach was! Die lachen über dich! Und wie die lachen. Und warum? Weil du lächerlich bist, ein lächerliches Männchen!
MANN Wenn hier jemand lächerlich ist, dann du! Du bist sogar so lächerlich, dass du nicht mal mehr weißt, wie lächerlich du bist. Die hörn gar nich auf, über dich zu lachn. *Er macht es vor, lacht.* Hörst se nich?
FRAU Hör auf, sonst kommste noch in die Einzelzelle!
MANN Schön wärs. Dann hätt ich meine Ruh.
FRAU Am besten in ne Dunkelzelle, da wär wirklich Ruh.
MANN Das wär eher was für dich, so wie du ausschaust. Lebenslänglich in die Dunkelzelle! *Er lacht wieder.* Unverantwortlich von den Polizisten, dass sie mich mit dir allein lassen!
FRAU Wenn du wüsstest, wie lächerlich du bist! Lächerlich und besoffen.

MANN Ich bin nicht besoffen. Ich bin ganz klar im Kopf.

FRAU Ich wollte ja nix trinken.

MANN So, das is ja das Allerneueste!

FRAU Du bist schuld. Du hast mich verführt.

MANN Musst ja nicht jedes Mal saufen, wenn ich sauf.

FRAU Meinste, ich renn nur für dich zum Aldi und schlepp die ganzen Flaschen nach Haus, damit du se aussaufen kannst? Ich soll wohl leer ausgehn? Ich denk gar nich dran.

MANN Ja, und was is das Ende vom Lied? Ich habn Loch, ein Mordstrumm von einem Loch in meim Kopf! *Er langt sich an den Kopf.* Au, tut das weh! Au! Das is ne Platzwunde!

FRAU Geschieht dir recht. Dein Kopf hält schon was aus.

MANN Entschuldige dich wenigstens.

FRAU Soweit kommts noch. Ich hätt noch viel ärger zuschlagn solln! War ja bloß n Schöpflöffel. N Fleischklopfer hätt ich nehmen solln. Kannst froh sein, dass es bloß Suppe gegeben hat.

MANN Aua, mein Kopf! Diese Schmerzen! Das sticht und sticht!

FRAU Und was is damit? *Sie deutet auf ihr blaues Auge.*

MANN Notwehr.

FRAU Jetz kann ich wieder n paar Tage nich ausm Haus, sonst deuten se mitm Finger auf mich. Die wissn ja, von wems is.

MANN Ich sag ja, in die Dunkelzelle gehörste, da siehts niemand. *Lacht.*

FRAU Geh ich nich ausm Haus, gibts auch nix zum Essn. Da wirste schön ausgehungert.

Lange Pause.

FRAU Wer weiß, was passiert wär, wenn se nich gekommen wärn!

MANN Ich weiß nix mehr. Wirklich nix.

FRAU Du wolltst mich erschlagen. Mitm Küchenhocker biste auf mich los. *Pause.* Wenn ich nicht im letzten Augenblick aus der Wohnung gerannt wär, würd ich wahrscheinlich nimmer leben. *Pause.* Und dann hast du im Treppenhaus rumgebrüllt, und mit deim Geschrei nach und nach alle aufgeweckt.

MANN Alles weg. Filmriss!

Lange Pause.

MANN Wie oft warn wer jetz schon hier?

FRAU Dreimal langt nich. Und jedes Mal in die Ausnüchterungszelle.

MANN Diese scheiß Nachbarn! Dass die auch immer die Bullen holen müssen! Das geht die doch nix an.

FRAU Warum müssen wir auch solche Nachbarn ham? Einer blöder wie der andere! Die freun sich noch diebisch, wenn se uns abholen. Haste gesehn, wie die gegrinst haben?

MANN Schweine!

Pause.

FRAU Jetz sitzn wer wieder da.

MANN Wie bestellt und nich abgeholt.

FRAU Ich will heim.

MANN Da wirste schon noch warten müssen.

Pause.

FRAU Soll das jetz ewig so weitergehn?
MAN Das nächste Mal kann ich für nix garantiern!
FRAU Mir grausts schon davor.
MANN Mir auch.
FRAU Einmal muss doch Schluss sein.

NAHKAMPF 12

MANN Ich habs gesagt. Ich weiß genau, dass ichs gesagt hab. Ganz genau. *Pause.* Ich habs gesagt, und was ich einmal gesagt hab, sag ich kein zweites Mal. *Pause.* Ich habs gesagt! *Pause.* Ich habs so laut gesagt, dass ichs selber gehört hab. Selber gehört. *Pause.* Und wenn ichs schon selber gehört hab, was ich gesagt hab, musst du, was ich gesagt hab, auch gehört ham. *Pause.* Ich habs gesagt. Und ich denk nicht daran, dass ich, was ich gesagt hab, nochmal sag. *Pause.* Ich habs gesagt. *Geht.*

FRAU Was hast du gesagt?

PEEPSCHAU

MANN *telefoniert im betrunkenen Zustand* Du kannst von mir aus stöhnen, biste schwarz wirst! Juckt mich echt nich. Telefonsex is das Letzte, was ich jetzt brauch! Ich will mit dir reden, bloß reden. Nix weiter! Denn, wenn du mich nich verstehst, wer denn dann? *Pause.* Siebeneinhalb Jahre hab ich gekriegt. Und warum? Ich hab mir doch nix zuschulden kommen lassen. *Pause.* Nach der Lehre bin ich gleich in der Bäckerei bei uns im Dorf untergekommen. Jeden Tag um drei raus. Während meine Kumpels Party machten, musst ich ins Bett. Das war kein Leben. Irgendwann hatt ich die Nase gestrichen voll. Ich habn paar Tage Urlaub genommen und bin in die Stadt! Am Bahnhof bin ich direkt in sone Peepschau. Die is wien Automat. Du wirfst Geld in nen Schlitz, und nach ner Minute isses schon wieder vorbei! Und eh du nochmal was reinwerfen kannst, steht schon der Nächste hinter dir, der auch was sehn will. *Pause.* Aber die eine Minute, die hat gereicht. Da isses passiert: Ich seh sie, und alles war aus. Schicksal: Liebe auf den ersten Blick. Die oder keine. Das Bild, wie die dalag, hat sich in meinen Kopf eingebrannt! Das wird immer drin sein, bis an mein Lebensende! Den ganzen Tag hab ich an nix anderes mehr denken können. Wie belämmert bin ich durch die Stadt gelaufen. Immer wieder zurück zur Peepschau. Aber denkste, ich hätt sie noch einmal gesehn? Jedes Mal wars ne andre! Aber die ham mich alle nich gejuckt. Ich hab nich mal gemerkt, wie schnell mein ganzes Geld draufgegangen is. *Pause.* Zurück im Dorf hat mich nix mehr halten können! Ich hab meinen Job bei der Bäckerei hingeschmissen, mein ganzes Geld abgehoben – das warn immerhin 2500 Euro – und nix wie ab in die Stadt! Die 2500 ham grad mal fünf Tage gereicht. Dann stand ich wieder ohne Geld da. Aber die, die ich zuerst gesehen hab und die mir nich mehr ausm Kopf gegangen is, meine große Liebe, die war nich mehr dabei! *Pause.* Da hatt ich plötzlich ne Idee, ne Super-Idee. Ich bin heim, in meiner Wohnung hatt ich ne Gaspistole, die wie ne echte Pistole aussah. Ich bin in den Nachbarort – ich kenn mich da ja aus, bin da praktisch aufgewachsen –, und hab die Sparkassenfiliale überfallen. 23000 Euro hab ich erbeutet. Alles mitm Fahrrad. Ich hab gedacht, da kommen die Bullen ja nie drauf, dassn Bankräuber mitm Rad abhaut! Ich hab mich für 50 Euro mitm Taxi in die Stadt fahren lassen und hab mir ne billige Übernachtung besorgt. Und dann nix wie ab in die Peepschau! Ich war der Erste, wenn se aufgemacht, ich war der Letzte, wenn sie wieder geschlossen wurde. *Pause.* Die 23000 ham viel länger gereicht wie die 2500. Fast vier Wochen! Die schönsten vier Wochen meines Lebens! Ich hab jeden Tag gewartet und gewartet, aber meine große Liebe – ihr Bild war ja für immer in meinem Kopf – war nicht dabei. *Pause.* Nein, ich bereue nix! *Pause.* Doch als ich nur noch 2 Euro und 5 Cent in der Tasche hatte, wusst ich nich mehr weiter. Da hab ich mich der Polizei gestellt. Und da ham se mich zu sieben Jahren und sechs Monaten verurteilt. *Pause.* Seit gestern bin ich wieder draußen. Das Erste, was ich gemacht hab: Mitm Geld, das ich im Knast verdient hab, bin ich aufm schnellsten Weg in die Stadt! Ich war mir sicher, dass ich sie … *Pause.* Die Peepschau war nicht mehr da. Wie vom Erdboden verschluckt, als hätt sies nie gegeben, als wär alles nur Einbildung gewesen. Stattdessen ein Döner-Imbiss. *Pause.* Was soll ich jetzt machen? *Pause.* Und alles wegen einer Minute Peepschau. *Pause.* Einer einzigen Minute, und alles aus! *Pause.* Das Bild in meim Kopf krieg ich nie wieder los! Da kannste stöhnen, so viel de willst. *Pause.* Ich bin ein Opfer der Liebe!

VERKEHRSHINDERNIS

MANN Ich bring mich um!
FRAU Was solln das?
MANN Ich bring mich um!
FRAU Was solln der Scheiß?
MANN Ich bring mich um!
FRAU Du kannst dich doch da nich auf die Straße legen, Mensch, mitten auf die Straße!
MANN Doch. Weil ich mich jetzt umbring. Ich bring mich um!
FRAU Steh auf.
MANN Ich steh nich auf. Ich warte, bisn Auto über mich drüber fährt ...
FRAU Steh auf!
MANN ... und dann bist du schuld.
FRAU Steh auf. Du machst dich bloß lächerlich. Schau, die Leute lachen alle schon.
MANN Solln se. Ich bring mich vor ihnen allen um.
FRAU Geh lieber nach Haus und schlaf dein Rausch aus.
MANN Ich bin nich besoffen.
FRAU Wenn de nüchtern bist, schaut die Welt wieder ganz anders aus.
MANN Mir egal, weil ich se dann nich mehr seh. Ich bring mich um!
FRAU Denkste, du kannst mir imponieren, wenn du so ne Schau abziehst?
MANN Das is keine Schau. Ich meins ernst.
FRAU Lass den Quatsch. Dass de dich nich schämst.
MANN Vor wem soll ich mich denn schämen? Ich brauch mich vor keinem mehr zu schämen! Mich

gibts bald nicht mehr. Aus, vorbei, Ende! Und du bist schuld.

Die ersten Autos fangen an zu hupen.

FRAU Das wird nie was mit uns zwei.
MANN Ich trink nich mehr, ich versprech dirs.
FRAU *lacht* Du brauchst mir nix versprechen. Du bringst dich doch um!
MANN Ziehs nich ins Lächerliche!
FRAU Wer is hier lächerlich: du oder ich?

Weitere Autos hupen.

MANN Du hast es in der Hand: ein Wort und ich …
FRAU Ich lass mich von dir nicht erpressen.
MANN Ich sag kein Wort mehr. Ich machs, echt: Ich bring mich um.
FRAU Von mir aus! Ich hab genug. *Geht.*
MANN Gut, du hast es nicht anders gewollt. Ich bleib liegen, so lang liegen, bis ich im Grab lieg. Vielleicht siehst du es dann ja ein. Aber dann isses zu spät. *Das Hupen hat sich inzwischen zu einem ohrenbetäubenden Konzert gesteigert. Gegen den Lärm anschreiend.* Is ja gut! Is ja schon gut! Ich geh ja schon. Ich geh!

NAHKAMPF 13

FRAU Warum schaustn so? *Pause.* Was passt dirn jetzt schon wieder nicht? *Pause.* Warum verziehstn dein Gesicht? *Pause.* Warum glotztn mich so an? *Pause.* Warum machst du nix? *Pause.* Warum sagstn du nix? *Pause.* Warum glotztn du mich bloß die ganze Zeit an? *Pause.* Warum machstn du das? *Pause.* Warum tuste mir das an? *Pause.* Warum bistn du so?

PARTNERVERMITTLUNG

Ein Mann mit einer Broschüre in der Hand. Neben ihm eine Frau, an einen Stuhl gefesselt.

MANN Wissen Sie, wie lang ich schon suche? Wolln Ses wirklich wissen? Sie wollns ja gar nich wissen! Das interessiert Sie dochn feuchten Dreck! Wenn Se denken, ich sags Ihnen, ham Se sich getäuscht! Lieber beiß ich mir die Zunge ab. *Pause.* »Noch allein? Rufen Sie an ...« Damit hat alles angefangen. Und ich bin auch noch so blöd und machs! Ich hab natürlich angerufen. »Sie haben beschlossen, sich ernsthaft auf Partnersuche zu begeben? Herzlichen Glückwunsch! Vertrauen Sie meiner Kompetenz und Diskretion und sagen Sie Ja zum richtigen Partner.« Partner! Ich hör bloß noch Partner! Wo isn der Partner, zu dem ich Ja sagen soll? Wo isn der, wo? Können Ses mir verraten? »Für jeden Menschen gibt es den passenden Partner. Die Kunst ist nur, ihn zu finden.« Ich hab Ihnen vertraut, Ihrer »Kunst« vertraut, dass Se jemand für mich finden, aber Sie ham mein Vertrauen missbraucht. *Pause.* Was meinen Se, wie ich mich fühl? Ich komm mir verarscht vor, total verarscht. Doch das is Ihnen ja scheißegal. »Wir erfüllen Ihren Traum, in einer erfüllten Zweisamkeit zu leben.« Ja, von wegen! 2500 Euro hab ich hingeblättert. 2500 Euro, das is für michn Haufen Geld. Und was is dabei rausgekommen, hä? Nix! *Pause.* »Aber nur davon träumen und darauf warten, ist nicht genug! Das Glück wird nicht auf Sie zukommen. Gehen Sie ihm entgegen.« Ich hab alles gemacht, was hier drinsteht, aber mir is nix entgegen gekommen. »In diesem Sommer heirateten acht unserer Klienten.« Und was ist mit mir? Warum war ich nich dabei? Wo is meine Frau? »Nicht mehr auf den Zufall warten.« Das wär aber vernünftiger gewesen, Geld hätts auch nicht gekostet! *Pause.* »Allein muss ich stark sein, zu zweit sind wir stärker.« Dreck! *Pause.* »Zu zweit ist das Leben ausgefüllter.« Dreck! *Pause.* »Lassen Sie sich auf die Liebe ein – ohne Wenn und Aber! Nichts ist beglückender.« Dreck! *Pause.* Da hab ich mich auf was eingelassen! Da sieht man mal wieder, wie blöd man is! »Auch für Sie gibt es den Menschen, den Sie lieben und von dem Sie geliebt werden.« Dreck! »Vereinbaren Sie mit mir ein vertrauliches und unverbindliches Gespräch. Vielleicht ist es der Beginn einer wunderbaren Zukunft.« Dreck! »Gemeinsam werden wir sie finden.« Gar nix habter gefunden. Ihr habt ja nicht mal gesucht! »Wenn für Sie die Liebe auch so wichtig ist.« Von wegen »Liebe«! Sie hams von Anfang an nur auf mein Geld abgesehn. Sonst nix! *Pause.* »Harmonische Zukunft!« Dass ich nich lache! Dreck! *Pause.* Ich will ne Frau. Sie kommen nich eher frei, bis ich ne Frau hab! »Ihr Eheanbahnungsinstitut Claudia ist immer für Sie da!« Von wegen »Eheanbahnung«! Nix hat sich »angebahnt«! Ihre Adressen: ein kompletter Reinfall! 2500 Euro für acht lumpige Adressen! Nix wie Schwindel. *Pause.* »Ohne Liebe ist das Leben sinnlos.« Ich will ne Frau! Ich brauch kein Sinn, ich brauch ne Frau! Sie suchen mir jetzt sofort ne Frau … Ohne Frau geh ich hier nich weg. *Er überlegt.* Halt, dass mir das noch nich … Dass ich da nich gleich draufgekommen bin. *Pause.* Claudia. Was isn mit Ihnen? Ich nehm einfach Sie!

FRAU Der hat nie viel gesagt. Immer bloß das Nötigste. Jedes einzelne Wort hastm wie n Wurm aus der Nase ziehn müssen. *Pause.* Schmeckts? Siehste doch. Wann kommstn? Wie immer. Was is morgen? Was soll schon sein? Wie gehts? Geht schon. *Pause.* Der hat sein Mund nicht aufgemacht. Sag doch was, hab ich zu ihm gesagt. Was gibts denn schon zu sagen, hat er gesagt. *Pause.* Und eines Tages hat er gar nix mehr gesagt. Da hat er bloß noch aus seim alten Kalender Zettel rausgerissn und das bisschen, was er hat sagen müssen, auf diese Zettel geschrieben. *Pause.* Wie ich ihn gefragt hab, warum er nix mehr sagt, hat er bloßn Finger an die Lippen geführt, dass ich den Mund halten soll. *Pause.* Ich hab sein Spiel mitgemacht. Ich hab nix mehr zu ihm gesagt. Hab auch alles, was zu sagen war, nur noch auf Zettel geschrieben. *Pause.* Aber irgendwann is es mir doch zu bunt geworden, ich hab ihn einfach wieder angesprochen. *Pause.* Is der auf mich losgegangen! Ich dacht schon, jetz isses aus. Er hat mein Hals gepackt und ganz fest zugedrückt. Ich hab keine Luft mehr bekommen. Ich hab solche Angst gehabt, dass er mich erdrosselt. Mit letzter Kraft hab ich mich noch losgerissen und bin aus der Tür gerannt. So schnell hat der gar nich schauen können. *Lange Pause.* Jetzt is er in der Nervenklinik. Er redet wieder, aber er kennt mich nimmer. *Pause.* Aber ich geb die Hoffnung nicht auf. *Pause.* Vielleicht wird er ja wieder.

NAHKAMPF 14

FRAU Du bist son blöder Arsch!
MANN Dumme Kuh!
FRAU Wenn ich dumm bin, was bist dann du?
MANN Du bist nicht nur dumm, du bist auch blöd.
FRAU Ich hasse dich.
MANN Was bistn du schon?
FRAU Du Null, du, du bist doch bloß ne Null!
MANN Und du ne taube Nuss!
FRAU Du Nachgeburt. Bei dir hat man das Kind weggeschmissen und die Nachgeburt aufgezogen.
MANN Du Spinatwachtel!
FRAU Du Wurm, du. Du ekliger, glitschiger, schmieriger Wurm von einem Wurm. Dich müsst man zertreten!
MANN Mehr fällt dir nich ein, du Spatzenhirn?
FRAU Du Scheißhaufen!
MANN Das is aber nich viel! Naja, wenn man das Gehirn einer Erbse hat …
FRAU Du fieses Schwein! Du bist so fies! Dir ist die Fiesheit ins Gesicht geschrieben, du mieser fieser kleiner Fiesling!
MANN Und dir die Blödheit. Wenn du wüsstest, wie blöd du bist! Das muss doch wehtun, wenn man so blöd is wie du …
FRAU Du Drecksack, du!
MANN Du Schlammfotze! Dich lang ich doch nich mal mehr mit der Beißzange an!
FRAU Du Schrägwichser! Was andres kannste doch nicht.
MANN Du taugst ja nich mal als Wichsvorlage!
FRAU Du Muttersöhnchen! Fick doch deine Mama!

MANN *anderer Ton* Bis jetzt wars Spaß ...
FRAU Du Versager!
MANN Bis jetzt wars Spaß, aber wenn du ...
FRAU Du mieser kleiner Versager.
MANN Wenn du jetzt nicht aufhörst, dann ...
FRAU Du hast doch bis jetzt nur versagt, auf der ganzen Linie versagt.
MANN Das wirst du bereuen.
FRAU Von dir lass ich mir nicht drohen, du aufgeblasener, du ... du ... aufgeblasener ... du Versager, Versager, Versager ...
MANN Hör auf! Du weißt nie, wann du aufhörn sollst.
FRAU Du hörst doch auch nich auf.
MANN Ich hab aufgehört. Also hör du auch auf!
FRAU Du hast ja auch angefangen.
MANN Jetzt reichts.
FRAU Wenn du nich wieder ...
MANN Jetzt is Schluss.
FRAU Gut, aber bloß, wenn du auch ...
MANN Schluss!
FRAU Schluss!

Pause.

FRAU Ich bin aber keine »Schlammfotze«.
MANN Denk nich mehr dran.
FRAU Ich versuchs.

BETON

FRAU Das war kein Leben mehr. Ich war nervlich nur nochn Wrack. Sein Putzlappen, mit dem er alles aufgewischt hat. Mein Leben ne einzige Qual. Ich war nur froh, wenn wiedern Tag rum war. Keiner hat gemerkt, was ich mitgemacht hab. Und wenn ich was gesagt hab, ham ses nicht geglaubt. *Pause.* Nach außen hin war er ja scheißfreundlich. Die Leute mochten ihn. Für die war ern Mustergatte. Alle sind auf sein Getue reingefallen. Aber zu Haus war ern Teufel. *Pause.* Am allerschimmsten wars mitm Geld. Er selber musste ja alles haben, was seine Freunde und Kollegen hatten. Aber ich musst jede Ausgabe in mein Haushaltsbuch eintragen. Alles wurd mitm Taschenrechner nachgerechnet. Cent für Cent. Doch wehe, wenn meine Rechnung nich gestimmt hat, das wurd mir gleich vom Haushaltsgeld abgezogen. *Pause.* Überall hat er Thermometer aufgehängt. Sobald in einem Zimmer die Raumtemperatur über zwanzig Grad gestiegen is, hat er die Heizung ausgeschaltet. Wenn er früh ins Geschäft gegangen is, hab ich mich vor lauter Angst nich mal getraut, sie wieder anzuschalten. Ich saß im Mantel in der eiskalten Küche. *Pause.* Beim Kochen musst ich immer n Kopftuch tragen, dass ja kein Haar in seine Suppe fliegt. Und wenn ich was gekocht hab, wasm nicht geschmeckt hat, hat ers gleich ins Klo geschüttet. *Pause.* Keinen Schritt durft ich machen ohne ihn. Der wollt immer wissen, wo ich hingeh, was ich mach, was ich tu. Und weil er nach der Uhr gelebt hat, hat er mein Leben auch ganz genau eingeteilt. Mein

Leben war sein Terminkalender. *Pause.* Einmal pro Woche musst ichm zu Willen sein. Freitagabend. Am Samstag konnter ja ausschlafen. Jeden Freitag. Und anschließend wollt er nochn Schlummertrunk. Da konnt man die Uhr nach stellen. *Pause.* Der hat mir die Luft zum Atmen genommen. Und weil ich auch noch so blöd war, dass ich alles gemacht hab, wasser gesagt hat, hat er gedacht, es würd ewig so weitergehn. *Pause.* Aber da hat er sich geschnitten. *Pause.* Der tut mir nix mehr. Den bin ich los. Endlich los. *Pause.* Jahrelang hab ich auf den Augenblick gewartet. Und dann war er auf einmal da. Schneller, als ich gedacht hab. Und der Witz is: Er is auch noch selber schuld! *Sie lacht.* Hätt er mal den Grill nicht gekauft! Aber alle hatten n Grill, also wollter auch ein. Und vorsichtig, wie er war, dass beim Grillen nix passiert, wollter erst mal den Boden unterm Grill betoniern, bevor ern zum ersten Mal ausprobiert. Sein schöner Rasen könnt ja sonst was abkriegn! *Pause.* Tagelang musst ich mir Vorträge anhörn, wie man Beton mischt. Das richtige Mischverhältnis von Wasser, Kies und Zement. Dann hat er sich extra noch son Zementmischer ausgeliehen und aufs richtige Wetter gewartet, dass der Beton auch schnell trocknet. *Pause.* Am ersten schönen Freitag im Mai kam er schon um halb drei vom Geschäft nach Haus, hat sich schnell umzogen und ein Loch gegraben, dasser am Samstag betoniern kann! Unter der Woche hatte er ja keine Zeit. Von der ganzen Buddelei war er dann so hundemüde, dasser nich mal mehr … obwohl man freitags sonst die Uhr danach hat stellen können. Bloß auf sein Schlummertrunk hat er noch bestanden. *Pause.* Und den hat er dann auch gekriegt. Jägermeister mitm Spritzer Zyankali. Ein paar Mal hat er noch nach Luft geschnappt, dann wars vorbei. *Pause.* Ich habn mit der Schubkarre, mit der er die Zementsäcke transportiert hat, vom Schlafzimmer in Garten rausgefahrn, ins Loch gekippt und Erde drüber. Das wars! *Sie lacht.* Hätt er mal nich son großes gegraben! Und am Samstag hab ichn dann einbetoniert. Genauso, wie ers mir gesagt hat. Selber schuld! Hätter mir keine Vorträge gehalten. *Sie zitiert ihn.* »Aufs richtige Mischverhältnis kommts an.« Und aufm Beton steht der Grill. Der steht jetzt immer da. Der kommt nie mehr weg. Den wollter ja auch unbedingt haben.

NAHKAMPF 15

MANN A. Äffchen. Ameisenbär. Arschtörtchen. Augensternchen.
FRAU B. Babyfrosch. Blauäuglein. Blümchen. Brummbärchen. Butzelmann.
MANN C. Cirruswölkchen.
FRAU D. Duftsternchen.
MANN E. Eisprinzessin. Erdbeerhasi.
MANN F. Fickchen. Feuerpferdchen. Fünkchen.
FRAU G. Grinsebär. Götterprinz. Grummelchen.
MANN H. Hasenpups. Hatschipuh. Herzgoldkirsche. Honigkuchen. Humpfimumpfi.
FRAU I. Igelschnäuzchen.
MANN K. Kniffeldisch. Knuddelpuddel. Knuddelwuddel. Knutschi. Kuschelwuschel.
FRAU L. Liebesknochen.
MANN M. Mama. Mausibautzi. Mondscheinengel. Müffi. Muschi.
FRAU N. Nichmehrsatt.
MANN O. Oh, oh, oh du ooooo.
FRAU Q. Quarktäschchen.
MANN R. Rehlein. Röschen. Rübennase.
FRAU S. Schmusibu. Schnuckiputzi. Schnuffelwuffel. Schokotaler. Schweinebacke. Spatzl.
MANN T. Turboschneckchen.
FRAU U. Utziputzi.
MANN V. Vögelchen.
FRAU W. Wi-wa-wuschel!
MANN X. Xixibüxi.
FRAU Y. Y-Chromosömchen.
MANN Z. Zuckerärschchen. Zuckerschnütchen. Zuckernippelchen. Zuckerschneckchen. Zucker…

FRAU Es reicht.
MANN Soll ich nochmal von vorn?
FRAU Es reicht, es reicht, es reicht.

DIE PUPPE

Ein Mann und eine Frau am offenen Fenster. Er hält eine Puppe hinaus, sie einen Laptop.

MANN Sag das nochmal!
FRAU Wenn du das machst, is er so gut wie unten.
MANN Versuchs doch. Wirst schon sehen, was de davon hast.
FRAU Ich lass mir nich drohen. Leg meine Püppi sofort wieder dorthin, wo se hingehört.
MANN Erst stellst du mein Laptop wieder auf mein Schreibtisch!
FRAU Nee, nee, darauf lass ich mich nich ein. Ich kenn dich. In dem Augenblick, wo ich vom Fenster weggeh, schmeißt du meine Püppi runter.
MANN Wenn de mein Laptop wieder dort hinstellst, wo er hingehört, geb ich dir sofort deine Püppi zurück. Ehrenwort!
FRAU Auf dein Ehrenwort geb ich nix! Erst gibste mir meine Püppi wieder.
MANN Ich denk ja gar nich dran, solang du mein Laptop runterschmeißen willst. Denkste, ich trau mich nich? *Er hält die Puppe bedrohlich tiefer.*
FRAU Wenn du meine Püppi runterschmeißt, spring ich hinterher. Dann bring ich mich um!
MANN Machs doch!
FRAU Ich weiß schon, dass ich dir egal bin. Und meine Püppi sowieso.
MANN Ich zähl bis drei: Wenn de mein Laptop bis dann nich …
FRAU Erst will ich meine Püppi wiederhaben.
MANN Ich hab morgen Deadline! Wenn ich den Be-

richt früh um neun nicht abgeb, kann ich mich nachm andern Job umschaun. Ich muss heut noch ne Nachtschicht einlegen, dass er fertig wird.

FRAU Is mir doch egal.

MANN Das hat dir aber nicht egal zu sein!

FRAU Wir sind dir doch auch egal.

MANN Du bist mir nicht egal! Deine bescheuerte Puppe schon.

FRAU Du hasst meine Püppi. Du hasst sie.

MANN Du redest mit dieser scheiß Puppe ja auch mehr wie mit mir!

FRAU Püppi.

MANN Wenn ich nach Haus komm und mit dir redn will, redest du mit dieser scheiß Puppe und sagst Papa zu mir. *Pause.* Ich bin kein Papa, ich hab keine Kinder, ich hab bloß ne Frau, die die ganze Zeit mit ner scheiß Puppe aufm Arm rumrennt und auf Familie macht.

FRAU So was zu sagen. Du bist so … so fies … du fieses … du gemeines Schwein.

MANN Liegts vielleicht an mir, dass wir keine Kinder ham?

FRAU Wie kann man bloß so gemein sein? Du bist so gemein. Du bist so … Ich spring!

MANN Du bist doch nicht ganz dicht! Das Affentheater mit dieser scheiß Puppe, das is doch nich normal. Das is doch krank, krank, krank.

FRAU *bricht in Tränen aus.*

MANN *geht zu ihr, entwindet ihr den Laptop und stellt ihn sicher. Pause.* Ich habs nicht so gemeint. Ich hätt se bestimmt nich runtergeworfen, ehrlich nich. *Pause.* Das letzte halbe Jahr war haltn bisschen viel für dich. *Pause.* Bitte, Schatz, vertragen wer uns wieder? *Pause.* Ich hab Sachen gesagt, die ich eigentlich gar nich sagen wollt. Da haste deine Püppi. Vielleicht brauchst du se ja wirklich … Zumindest eine Zeitlang, bis du drüber weggekommen bist … *Pause.* Da, nimm se! *Er legt ihr die Puppe in den Arm.* Komm, nimm se schon.

FRAU *schmeißt die Puppe aus dem Fenster.*

DIE BLUSE

FRAU Heut gehts mir gut.
MANN Ich zieh aus.
FRAU Immer wenn ich die Bluse anzieh, gehts mir gut.
MANN Ich hab jemanden kennengelernt.
FRAU So dünn se auch is …
MANN Ich kann nix dafür. Ich weiß, es is Wahnsinn, aber es is halt passiert.
FRAU … die is wien Panzer.
MANN Ich zieh zu ihr.
FRAU An dem prallt alles ab.
MANN Gleich morgen.
FRAU Die Bluse zieh ich morgen wieder an.

NAHKAMPF 16

FRAU Hast du was gesagt?
MANN Hast du was gesagt?
FRAU Du hast doch was gesagt!
MANN Du hast doch was gesagt!
FRAU Ich hab doch gehört, dass de was gesagt hast!
MANN Ich hab doch gehört, dass de was gesagt hast!
FRAU Ich will wissen, was de gesagt hast.
MANN Ich will wissen, was de gesagt hast.
FRAU Sags!
MANN Sags!
FRAU Ich kann mir schon denken, was de gesagt hast.
MANN Ich kann mir schon denken, was de gesagt hast.
FRAU Das war bestimmt was Gemeines!
MANN Das war bestimmt was Gemeines!
FRAU Du wolltst mir bestimmt wieder ne Gemeinheit an Kopf werfen!
MANN Du wolltst mir bestimmt wieder ne Gemeinheit an Kopf werfen!
FRAU Ich kenn dich doch.
MANN Ich kenn dich doch.
FRAU Du sagst mir jetzt auf der Stelle, was de gesagt hast!
MANN Du sagst mir jetzt auf der Stelle, was de gesagt hast!
FRAU Wenn man was sagt, muss man auch zu dem stehn, was man sagt.
MANN Wenn man was sagt, muss man auch zu dem stehn, was man sagt.
FRAU Traust dich wohl nich?
MANN Traust dich wohl nich?

FRAU Du bist feig!
MANN Du bist feig!
FRAU Du bist so feig!
MANN Du bist so feig!
FRAU Du bist sogar zu feig, mir zu sagen, was de gesagt hast!
MANN Du bist sogar zu feig, mir zu sagen, was de gesagt hast!
FRAU Du hast Angst vor mir.
MANN Du hast Angst vor mir.
FRAU Du brauchst doch vor mir keine Angst ham.
MANN Du brauchst doch vor mir keine Angst ham.
FRAU Ich reiß dir dein Kopf schon nich ab!
MANN Ich reiß dir dein Kopf schon nich ab!
FRAU Sag endlich, was de gesagt hast!
MANN Sag endlich, was de gesagt hast!
FRAU Sags!
MANN Sags!
FRAU Wirds bald!
MANN Wirds bald!
FRAU Sags, ich tu dir schon nix!
MANN Sags, ich tu dir schon nix!
FRAU Sags! Und alles is vergeben und vergessen.
MANN *schweigt.*

DISCO

Ein Mann tanzt zu lauter Discomusik. Die Frau neben ihm schreit gegen die Musik an.

FRAU Lass mich in Ruh! *Pause.* Du sollst mich endlich in Ruh lassen. *Pause.* Geh! *Pause.* Du machst bloß alles noch schlimmer. *Pause.* Dabei is auch so schon schlimm genug. *Pause.* Geh jetzt! *Pause.* Geh! *Pause.* Verschwinde! *Pause.* Verschwinde und komm ja nicht wieder! *Pause.* Geh mir aus den Augen! Ich will dich nicht mehr sehn. *Pause.* Ich hab genug! *Pause.* Du könntst schon längst auf und davon sein. *Pause.* Geh endlich! *Pause.* Wenn du jetzt nich gehst, weiß ich nicht, was ich tu. *Pause.* Wer will denn noch was von dir? *Pause.* Ich nicht. *Pause.* Kein Mensch will was von dir. *Pause.* Geh jetzt! *Pause.* Das is kein Spaß mehr. *Pause.* Geh! *Pause.* Kapierst dus nicht? *Pause.* Oder willst dus nicht kapiern? *Pause.* Oder bist du zu blöd, dass dus nicht kapierst? *Pause.* Geh! *Pause.* Wann gehtn das endlich in dein Schädel rein! *Pause.* Geh jetzt! *Pause.* Lass mich in Ruh. *Pause.* Geh! *Pause.* Ich will, dass du mich in Ruh lässt. *Pause.* Du machst alles bloß noch schlimmer, wenn du nich … *Pause.* Verdammt noch mal: geh! *Pause.* Dann geh halt ich.

Sie geht. Er bleibt stehen.

DER TOASTER

Der Mann repariert etwas mit einem Schraubenzieher.

FRAU Da biste! Na, hätt ich mir ja denken können! *Pause.* Ich wollt mich bei dir entschuldigen. Hörst du? *Pause.* Ich habs nich so gemeint. Entschuldige! *Pause.* Ich meins doch nie so. *Pause.* Du weißt doch, dass ichs nie so ... *Pause.* Bitte sei mir nicht böse. Sei mir bitte nich böse! Sag! *Pause.* Ich möcht wissen, ob du mir böse bist? *Pause.* Bitte sag halt was! *Pause.* Warum sagstn nix? *Pause.* Warum schreist du mich nicht einfach an? *Pause.* Ich schrei dich doch auch an. *Pause.* Du hättst allen Grund, mich anzuschrein. Wie oft hab ich dich schon angeschrieen. *Pause.* Schrei, brüll. *Pause.* Warum machstn das nich? *Pause.* Mach was, ich will wissen, woran ich bin. *Pause.* Immer, wenn wir uns streiten, haust du ab! Du lässt mich stehn und verkriechst dich in dein scheiß Keller! *Pause.* Warum machstn das? *Pause.* Warum schraubstn dauernd an was rum? *Pause.* Warum machstn du das? Sag! *Pause.* Sag, warum! *Pause.* Herrschaftszeiten! *Pause.* Sag was! Sag halt was! *Pause.* Reiß das Maul auf! Red!

MANN Der Toaster geht wieder.

GEBISS

1. MANN Gibs zu.
2. MANN Ich glaub, du spinnst.
1. MANN Ich merk doch, wie se dich anlächelt.
2. MANN Dich lächelt se doch auch an.
1. MANN Schon lang nimmer. Bloß noch dich.
2. MANN Das denkste dir bloß.
1. MANN Aber das hört sich jetz auf. Die wird dich bald nich mehr anlächeln.
2. MANN Dreh ja nicht durch! Ich hab nix mit ihr. Ich bin doch dein Freund.
1. MANN Jetz is ein für alle Mal Schluss mit Lächeln.
2. MANN Großer Gott! Sag bloß, du …
1. MANN Heut Nacht nehm ich ihr das Gebiss weg.

MITLEID

FRAU Als ich mitm Schluss gemacht hab, saß er Nacht für Nacht vorm Haus und hat in seim Auto auf mich gewartet. Da bin ich dann lieber nicht mehr ausm Haus. Erst in der Früh, wenn ich ins Geschäft musste, war er weg. Dann hab ich mich wieder rausgetraut. *Pause.* Einmal aber war er auch in der Früh noch da. Da muss er am Steuer eingeschlafen sein. Das hat so friedlich ausgeschaut. Ein ganz dünner Speichelfaden ism ausm Mund gelaufen. Da hat er mir auf einmal direkt leid getan, obwohl ich eigentlich auf ihn böse war. Da wär ich fast wieder schwach geworden. *Pause.* Da bin ich dann ganz schnell weiter.

NAHKAMPF 17

MANN Immer wenn ich mit dir reden will, gehts dir nicht gut.

FRAU Das kommt dir bloß so vor.

MANN Nee, das is wirklich so. Das war noch jedes Mal so. Ich brauch bloß sagen: Ich will mit dir reden, dann sagst du: Mir gehts nicht gut.

FRAU Naja, is doch klar: Du willst nie mit mir reden, wenns mir gut geht. Du kommst immer erst dann, wenns mir schlecht geht.

MANN Wie soll ich denn wissen, dass es dir in dem Augenblick, wo ich mit dir reden will, schlecht geht?

FRAU Frag halt. Aber du fragst ja nie.

FRÜHSTÜCK

Der Mann schweigt.

FRAU Du könntst aus dir schon was machen, wenn du wolltest. Du musst bloß wolln. Aber du willst ja nich. *Pause.* Wie läufstn du rum? So kammer doch nich rumlaufen! Das is ne Zumutung für deine Partnerin, wie du rumläufst! Was wär denn, wenn ich so rumlaufen würd? *Pause.* Was du auch anziehst, egal was – nach einer Weile schauts so aus, dass mans nimmer anschaun kann. *Pause.* Du hast gar keinen Sinn fürs Schöne! Dir kann man das Schönste und Beste kaufen: Für dich sinds alles Lumpen. *Pause.* Dein Morgenmantel, schau dir bloß mal deinen Morgenmantel an. Der war mal neu. Und nich irgendein Morgenmantel, das warn ganz teurer Morgenmantel von Wolfgang Joop. *Pause.* Schau aufs Etikett, dann siehst dus: Joop. Der war mal todschick. Und jetzt? *Pause.* In allem, was de anziehst, schauste, wenn des n paar Tage anhast, wien Penner aus, wie der allerletzte Penner. Und woher kommts? *Pause.* Du willst einfach nich. Dir is es scheißegal, wie de rumläufst *Pause.* Ich kann sagen, was ich will, aber du willst nicht. Und warum willste nich? *Pause.* Wie gehstn du mit dein Anziehsachen um? So geht man nicht mit sein Anziehsachen um. *Pause*. Du lässt dich gehn! Man darf sich nicht gehen lassen. Sobald man sich gehen lässt, is es aus. *Pause.* Lass ich mich vielleicht gehn? Nee, ich achte auf mich. Ich bin immer gepflegt. Ich käme gar nich auf die Idee, in som Morgenmantel rumzulaufen. Schau mein an. Siehste da was? *Pause.*

Kein Fleck, nix, nich maln Fussel. *Pause.* Und dann schau dein an. *Pause.* Wie kann man sich bloß so einsauen? Jeden Tag saust du dich voll! Kein Frühstück ohne Eigelb aufm Morgenmantel! *Pause.* Meinste, mir grausts vor nix? *Pause.* Bind dir endlich ne Serviette um! *Pause.* Dass de dich nich schämst! Aber du schämst dich ja nich mal. *Pause.* Denkst, du musst dich nich mehr anstrengen. Denkst, ich lauf dir schon nich weg. *Pause.* Sei dir da bloß nich so sicher! *Pause.* Du könntst so viel aus dir machen, wenn de wolltst. Aber du willst nicht! *Pause.* Du könntst, wenn de wolltst. *Pause.* Mach was aus dir, und alles wird gut. Du musst nur wollen.

HUSTENBONBON

FRAU Du hustest.
MANN Ich huste nicht.
FRAU Und ob du hustest.
MANN Ich huste nicht.
FRAU Und wie du hustest.
MANN Ich huste nicht.
FRAU Und ob!
MANN Ich huste nicht.
FRAU Du hustest.
MANN Ich denke ja gar nicht dran zu husten!
FRAU Du hustest in einer Tour.
MANN Jetzt hör auf, sonst vergess ich mich!
FRAU Wenn du zu husten aufhörst.
MANN *wütend* Ich huste nicht!

Lange Pause.

FRAU Da, da haste n Bonbon.
MANN Ne Bombe? Du willst mir ne Bombe …
FRAU N Bonbon, keine Bombe. N Bonbon gegen dein Husten …
MANN Ne Bombe gegen mein Husten? Ich glaub, du spinnst.
FRAU Herrschaftszeiten, vor lauter Husten hörste schon nich mehr richtig. Keine Bombe, n Bonbon! *Stopft ihm das Hustenbonbon in den Mund.*
MANN *spuckt es ihr ins Gesicht.*
FRAU Ja, bist du denn … ich wollt dir doch bloß … aber wenn de nich willst, kannste dich von mir aus zu Tode husten …
MANN *schreit sie an* Ich huste nicht!

NAHKAMPF 18

FRAU Ich hab heut Nacht wieder kein Auge zugemacht.

MANN *schweigt.*

FRAU Das interessiert dich wohl nich, dass ich heut Nacht wieder kein Auge zugemacht hab.

MANN Ich war auch wach.

FRAU Davon hab ich aber nix gemerkt.

MANN Kannste auch nich, du hast ja geschlafen.

FRAU Ich bin höchstens kurz eingeduselt. Dann lag ich wieder wach, und du hast geschlafen. Während ich drauf gewartet hab, dass ich wieder einschlaf, aber an Schlaf war da nicht mehr zu denken.

MANN Warum schläfstn du nich?

FRAU Das fragst du noch?

DIE KRAWATTE

FRAU Ich wollt dir was sagen.

MANN Erst sagst du mir, wie dir meine Krawatte gefällt. *Pause.* Fällt dir denn nix auf?

FRAU Was soll mirn auffallen?

MANN Was heißt »soll«? Das *muss* dir doch auffallen.

FRAU Mir fällt nix auf. *Betrachtet die Krawatte.* Du bindest dir doch immer ne Krawatte um.

MANN Das is nich bloß »ne Krawatte«.

FRAU Was sonst, wenn nich »ne Krawatte«? »Keine Krawatte«?

MANN Ne Krawatte isses schon.

FRAU Machst dun Theater wegen ner Krawatte! *Pause.* Ich wollt dir was sagen.

MANN Ich hab bloß gemeint, dasses nich irgend »eine Krawatte« is. Schau halt noch mal hin.

FRAU Ich seh nix.

MANN Das musste doch sehn.

FRAU Beim besten Willen nich.

MANN Du schaust halt nich richtig hin!

FRAU So weit kommts noch! Schreibst du mir jetzt auch noch vor, wie ich schaun soll?

MANN Sei nicht so sauer.

FRAU Ich bin nich sauer.

MANN Und ob de sauer bist, du bist sauer, weil de nich drauf kommst, was das für eine Krawatte is.

FRAU Ich wollt dir was sagen.

MANN Das is nich bloß »irgendne Krawatte«, das is ne neue Krawatte. Dass dir das nicht aufgefallen is? Das muss eim doch auffallen.

FRAU Für mich gibts auch noch was andres als dich und deine Krawatten.

MANN Die hab ich heutn ersten Tag an. Gestern gekauft. Eine nagelneue Krawatte, und du merkstes nich mal!

FRAU Ich wollt dir was sagen.

MANN Schwache Leistung, kann ich da bloß sagen. Schwach, schwach, schwach.

FRAU Du glaubst wohl, alles dreht sich immer nur um dich und deine Krawatten? *Pause.* Ich bin auch noch da! Und ich wollt dir was sagen!

MANN Dir is also nich mal aufgefallen, dass die Krawatte neu is?

FRAU Schaut auch nich anders aus wie die andern.

MANN Und ob die anders ausschaut. Die is ja auch noch ganz neu.

FRAU Du brauchst gar nich so zu schrein. Ich glaub dir ja, dasse neu is, obwohl se genauso ausschaut wie die alten.

MANN Die kann gar nich so ausschaun wie die alten, eben weil se neu is!

FRAU Du kannst von mir nicht verlangen, dass mir das auffällt, wo se genauso ausschaut wie die alten. Da hättste dir schon ne andre kaufen müssen, die nich so ausschaut wie die alten.

MANN Ich wollt aber keine andre, ich wollt die. Wie gefällt se dir?

FRAU Auch nich anders wie die alten. Und jetzt is Schluss. Ich will nix mehr von Krawatten hörn. Und außerdem wollt ich dir was sagen.

MANN Willst du etwa sagen, dass dir meine Krawatten nicht gefallen?

FRAU Nein, ich wollt was andres sagen. Ich wollt dir schon die ganze Zeit was sagen. Und jedes Mal, wenn ichs dir sagen wollt, hast du wieder mit deiner Krawatte angefangen!

MANN Was wollstn dann sagen?
FRAU Es ist aus.

NAHKAMPF 19

FRAU Was kaputt is, is kaputt.
MANN Sag was, dann reparier ichs.
FRAU Das kriegste nicht wieder hin.

URLAUB

A *zeigt B eine Zeitung* Da is jemand im Urlaub verschollen!
B Im Urlaub?
A Stell dir mal vor, du fährst weg und verschwindest plötzlich!
B Bis jetz bin ich noch immer zurückgekommen.
A Naja, es könnt ja aber sein, beim nächsten Mal eben nicht.
B Ich? Ach, i wo.
A Das hat sich der spurlos Verschwundene auch gesagt, aber jetz is er weg.
B Der is sicher noch irgendwo.
A Aber nicht dort, wo er sein sollte.
B Jetz aber mal der Reihe nach: Wo is er denn überhaupt hin?
A Nach Sizilien.
B Da verschwinden Leute? Mitten im Sommer?
A Was hatn das damit zu tun?
B Im Winter is was anderes, da kann man von ner Lawine begrabn werden.
A Aber in Sizilien gibts doch gar keine Lawinen.
B Das sag ich doch. Vielleicht is er aber auch irgendwo im Meer ersoffen?
A Der war gar nich im Meer!
B Woher weißtn das? Warste etwa dabei?
A Der war mit ner Reisegruppe auf ner Besichtigung, und bevor man se mitm Bus wieder abgeholt hat, is er noch schnell aufs Klo. Seitdem hatn keiner mehr gesehn.
B Und keine Spur von ihm?

A In seim Hotelzimmer ham se nur sein Reisepass und sein Koffer gefunden.
B Sein Koffer mit allen Sachen?
A Alles bis auf das, was er anhatte.
B Na, dann is die Sache klar.
A Wieso klar?
B Der is abgehaun.
A Wo soll der denn hin ohne Pass?
B Der hat doch längst n neuen. N neuen Pass, und n neuen Namen!
A In dem Alter?
B Wieso, wie alt war der denn?
A Ein Rentner, 69 Jahre. Und im Kopf soll er nimmer ganz richtig gewesen sein.
B Siehste, siehste.
A Wieso denn siehste?
B Alles Tarnung!
A Tarnung?
B Na, der hat bloß so getan, aber in Wirklichkeit war er ein ganz gerissener Verbrecher.
A Aber so einer fährt doch nich mit ner Senioren-Reisegruppe nach Sizilien!
B Grade deswegen! So konnt er sich am besten versteckn! Unter so vielen Leuten fällt man am wenigsten auf!
A Und warum sollter ausgerechnet nach Sizilien?
B Na, wegen der Mafia.
A Das glaubste doch selbst nich! Ein Rentner von 69 Jahren und die Mafia! Noch dazu, wo er im Kopf nimmer ganz richtig …
B Genau solche brauchen se doch! So jemand is für die Gold wert. Und jetzt is der über alle Berge.
A Da siehste mal, wie falsch du liegst! Weit kann er nämlich gar nich gekommen sein.

B Warum nicht?

A Zwei Tage vorher, wie se in Rom warn, is er schon mal verschwunden. Da hatten sie ihn aber schnell wiedergefunden, weil er nämlich gehbehindert is.

B Was meinste, wie der in Wirklichkeit laufen kann!

A Du liest zu viel Krimis.

B Jetz wird doch langsam alles klar.

A Gar nix is klar.

B Weißte, was der in Rom gemacht hat? Sich neue Anweisungen von seinen Auftraggebern holen.

A Geh mir fort!

B Das isn Meister der Tarnung, glaub mirs! N Schutzgelderpresser! Der hat für die Mafia gearbeitet, is von Pizzeria zu Pizzeria und hat Schutzgeld abkassiert. Auf son alten Mann kommt keine Sau!

A Jetz is aber mal gut!

B Und jetzt ist der abgetaucht und macht sich nen schön Lebensabend in som Seniorenheim von der Mafia! Und damit er was zu lachen hat, schickt ihm ab und zu ein deutscher Mafia-Kumpel einen Zeitungsausschnitt, wo drinsteht, dass er in Italien verschollen is. *Pause.* Moment mal. Steckst du etwa auch mit drin?

A Sag mal, biste noch zu retten?

TIEFFRIEREN

A »Das Leben ist zu schön, um durch den Tod beendet zu werden.«

B *reagiert nicht.*

A Hab ich neulich irgendwo gehört.

B *abwesend* Da sagste was. Aber mach was dagegen.

A Das geht schon. Musste dich nur tieffrieren lassen.

B *plötzlich aufmerksam* Tieffrieren? Sag, spinnst du? Da erfrier ich doch!

A Nicht, wenn de schon tot bist.

B Und was soll das bringen? Wenn ich doch schon tot bin?

A Jetzt biste tot, dann später aber nicht mehr.

B Ich versteh nur Bahnhof.

A Na, du liegst in so nem Stahlsarg bei 196 Grad minus und wartest aufs Leben nach dem Tod.

B Wer macht denn so was!

A Der Walt Disney, zum Beispiel.

B Aber der ist doch immer noch tot?

A Noch ja, aber irgendwann, wenn se so weit sind, dass keiner mehr sterben muss, wird er wieder aufgetaut.

B Der Walt Disney, von Kopf bis Fuß?

A Ja, im Grunde hätten aber auch n paar Zellen gereicht. Aus denen könnt man ihn dann klonen lassen. *Pause.* Aber weißte, was mich interessieren würd? *Pause.* Ob der geklonte Walt Disney, der aus diesen Zellen entsteht, dann auch die Mickey Maus erfinden würd?

B Ach was! Die Mickey Maus gibts doch schon.

NAHKAMPF 20

FRAU Reiz mich nich. *Pause.* Reiz mich ja nich. *Pause.* Immer musst du mich reizen. *Pause.* Was hastn davon, wenn de mich reizt? *Pause.* Hör auf mich zu reizen, sonst werf ich dir noch was an Kopf, was ich später bereue. *Pause.* Drum reiz mich lieber nich. *Pause.* Reiz mich ja nich. *Pause.* Aber wenn dus unbedingt drauf anlegst: Versuchs doch. *Pause.* Reiz mich!

ZEITVERSCHWENDUNG

Zwei treffen sich.

A Haste Zeit?
B Was heißt schon »Zeit«?
A Na, Zeit halt!
B Aber du musst doch wissen, was Zeit is, wenn de mich schon fragst, ob ich welche hab.
A Was Zeit is? Naja, entweder man hat se oder man hat se nich.
B Das is doch keine Antwort.
A Woher soll ichn wissn, was Zeit is? Ich hab se nich gemacht. *Pause*. Doch, jetzt weiß ich: »Zeit ist Geld.«
B Das is der blödste Spruch, der sich denken lässt! Der Zeit is das Geld doch vollkommen wurscht! Der Zeit is alles wurscht: die geht einfach weiter, die hält keiner auf. Und wir schon gleich gar nich.

Pause.

A Dann drehn wirs halt mal um.
B Was? Die Zeit?
A Deine Frage. Jetz frag ich also dich: Weißt du denn, was Zeit is?
B »Die Zeit ist eine Dimension unseres Universums, nämlich die fundamentale, messbare Größe, die zusammen mit dem Raum das Kontinuum bildet, in das jegliches materielle Geschehen eingebettet ist.«
A Jetz bin ich so schlau wie vorher.

B Aber das is doch ganz einfach. Die Zeit hat einfach irgendwann einmal angefangen und irgendwann hört sie wieder auf. Und wir mit ihr.

A Herrschaftszeiten, da fragt man dich was und du kommst gleich mit dem Weltuntergang daher. Nun sag: Hast du Zeit, ja oder nein?

B Was heißt schon »Zeit haben«. Ich hab keine Zeit, und du hast auch keine Zeit. Umgekehrt isses richtig: Die Zeit hat nämlich uns.

A Jetz is aber Schluss! Lass uns nochmal von vorn anfangen …

B Und zurückdrehen lässt sich die Zeit schon mal gar nicht.

A Dann sag ich dir mal was! Ich hab bloß gefragt, ohne jeden Hintergedanken gefragt, ob du Zeit hast. So einfach ist das. Und wenn du Ja gesagt hättst – »Ja, ich hab Zeit«, mehr hättst du gar nicht zu sagen brauchen –, dann wär ich mit dir Essen gegangen. Ich hätte dich sogar eingeladen. Aber mit dir ist das ja reine Zeitverschwendung. *Ab.*

B *ihm hinterher* Warum hastn das nicht gleich gesagt? Also ich hätt Zeit.

NAHKAMPF 21

FRAU Manchmal hab ich das Gefühl, ich bin nur Luft für dich.
MANN Ohne Luft kann man nicht leben.

SITZGRUPPE

MANN Komm, setz dich.
FRAU Ich?
MANN Setz dich schon her.
FRAU Ich?
MANN Na, wer denn sonst! Ich nicht. Ich sitz ja schon.
FRAU Das seh ich!
MANN Komm, tu nich lang rum und setz dich auch.
FRAU Ich? Ich soll mich setzen?
MANN Na, wer denn sonst!
FRAU Aber wenn ich mich nich setzen will?
MANN Was? Du willst dich nicht setzen?
FRAU Nein.
MANN Du musst dich doch setzen!
FRAU Wer sagtn das?
MANN Ich!
FRAU Aber wenn ich mich doch nicht setzen will?

Pause.

MANN Wenn du dich jetzt nicht sofort hinsetzt, dann ...
FRAU Was is dann?
MANN Ich sitz ja auch, und wenn ich sitz, kann ichs nicht sehn, wenn einer steht.
FRAU Ich steh gern.
MANN Das geht doch nicht, wenn einer sitzt und einer steht!
FRAU Wer sagtn das?
MANN Ich!

Pause.

FRAU Steh auf! Ich steh doch auch.

Mann bleibt sitzen, Frau bleibt stehen.

NAHKAMPF 22

FRAU Du hast schon wieder nich zugehört! Warum hörstn nie zu? Kannst du nicht, oder willst du nicht? Schau mich wenigstens an, wenn de schon nich zuhörst! Red mit mir! Ich bin auchn Mensch. So kann man kein Menschen behandeln! Hab ich dir denn was getan? Wenn dus nich sagst, weiß ichs doch nich mal. Ich verlang ja nich, dass du mich liebst. Ich verlang bloß, dass du mir sagst, was los is. Ich weiß überhaupt nicht mehr, was in deim Kopf vorgeht. Früher mussteste kein Wort sagen, und ich wusste schon, was du denkst. Heute weiß ich gar nix mehr. Das is doch kein Leben. So kanns nich weitergehn.

MANN Es muss.

FRANKENBRUNNEN

MANN *sitzt auf einem Stuhl, vor ihm ein schwarzer Müllsack.* Du fängst langsam an zu stinken. Obwohl ich dich in drei Plastikmüllsäcken eingepackt hab. Drei schwarze Müllsäcke übereinander. *Pause.* Ich hab schwarze genommen. Blaue hätts auch gegeben. Deine Lieblingsfarbe. Aber schwarz war für den Anlass irgendwie angemessener. *Pause.* »Du stinkst!«, hast du immer zu mir gesagt. »Wasch dich, du stinkst!« Ich hab mich so oft waschen können, wie ich wollte. Für dich hab ich immer noch gestunken. »Wasch dich, du stinkst!« *Pause.* Und jetzt stinkst du. Sogar durchs Plastik hindurch. Nach nicht mal drei Wochen. *Pause.* Ich hätte nicht gedacht, dass es so einfach sein würde. »Trags Mineralwasser in Keller runter«, haste gesagt, wo du genau weißt, dass ich wegen meiner Bandscheibe nich so schwer heben darf, »seit drei Tagen steht der Kasten schon vorm Klo. Seit drei Tagen sag ich dir, dass der Kasten vorm Klo nix zu suchen hat: der gehört in Keller. Und jetzt steht er immer noch da. Und warum? Weil de zu faul bist, ihn runterzutragen. Du wartest bloß drauf, dass ichn runter trag. Du bist so faul, dass de stinkst.« *Pause.* Ich hab nix drauf gesagt, ich hab einfach ne Flasche ausm Kasten genommen, ne Flasche Frankenbrunnen, ne Glasflasche – ich wolltse eigentlich gar nich, du bist schuld, du hast mich dazu gezwungen, »der Umwelt zuliebe« –, und hab dir mit der Flasche aufn Kopf gehaun. *Pause.* Ich hatte sone Wut, dass ich se auf deim Kopf zertrümmert hab. *Pause.* N paar Schläge und ich hatte bloß noch den Flaschenhals in der Hand. *Pause.* Da aufm Tisch liegt er. Und die Splitter stecken noch in deim Kopf. *Pause.* Und dann haste einfach schlappgemacht. *Pause.* Dasses so schnell geht? *Pause.* Dabei wollt ich dich gar nich umbringen, ich wollt bloß, dass de ne Zeitlang das Maul hältst. Mehr nich. *Pause.* Das war doch bloßn Frankenbrunnen. *Pause.* Hinterher is man immer schlauer. *Pause.* Es wird Zeit, dass ich dich wegschaff. Aber wohin? *Pause.* Im Wald findn se dich sofort. *Pause.* Und ausm Weiher tauchste bestimmt wieder auf. Das lässte dir doch nich nehmen. *Pause.* Wie krieg ich dich jetzt bloß los? *Pause.* Mit dir hat man nix wie Probleme. *Pause.* Und ich darf doch nich schwer heben.

NAHKAMPF 23

Nachts, im Bett.

FRAU Du brauchst gar nix weiter sagen.
MANN Ich sag ja auch nix.
FRAU Hast schon genug gesagt.
MANN Gar nix hab ich gesagt, so wahr ich hier liege.
FRAU Da täuschste dich aber!
MANN Ich werd doch noch wissen, ob ich was gesagt hab oder nicht!
FRAU Ich habs ja selbst gehört.
MANN Du kannst gar nix gehört ham, weil ich nix gesagt hab! Du wirst was gesagt ham, und hast gedacht, ich wärs gewesen.
FRAU Ich hab nix gesagt.
MANN Dann wirste halt laut gedacht ham …
FRAU Soweit kommts noch! Ich hab in meim ganzen Leben noch nie laut gedacht!
MANN Denkste.
FRAU Jedenfalls hab ich was gehört!
MANN Reg dich doch nich so auf! Manchmal denkt man halt, man hätt was gehört, aber in Wirklichkeit is es einem bloß so vorgekommen …
FRAU Willst du damit sagen, ich hätt mir das nur ausgedacht?
MANN Ich hab nix gesagt. Soviel is sicher.

Schweigen.

DER FREMDE

FRAU *mit leiser Stimme am Telefon* Ich soll mich beruhigen? Sie sind gut. Beruhigen! *Pause.* Im Schlafzimmer ist ein Fremder, ein wildfremder Mann, und alles, was Ihnen dazu einfällt, is, ich soll mich beruhigen? *Pause.* Ich kann nicht lauter sprechen, sonst hört er mich. *Pause.* In meim Schlafzimmer. Ich hab ihn genau gesehn. *Pause.* Reingehn? Was, ich soll rein und Licht anmachen? Ja, sind Sie denn von allen guten Geistern verlassen? *Pause.* Wenn Se denken, ich bin verrückt, ham Se sich getäuscht! *Pause.* Ich weiß nur eins: Ich hab den Mann noch nie gesehn. *Pause.* Reden Se nich lang rum, kommen Se lieber her. *Pause.* Ich will noch nicht sterben. *Pause.* Ich telefoniere jetzt so lang, bis Se kommen. Und wenn Se mich nicht mehr hörn, dann wissen Se ja, was passiert is ... dann gibts mich nicht mehr ... dann bin ich ... *Pause.* Sie könnten längst da sein. Einmal, wenn man euch braucht! *Pause.* Ich bin ganz klar im Kopf. Wenn ich ihn nicht mit eignen Augen gesehn hätt – ein Fremder! *Pause.* Nein, ich hab auch nix getrunken. *Pause.* Wahrscheinlich tut er bloß, als ob er schläft, und wartet nur drauf, dass ich mich wieder hinleg, und dann zersägt er mich in kleine Stücke und steckt se in so kleine Päckchen, dass er meine Leiche leichter ausm Haus schaffen kann. *Pause.* Ich bild mir gar nix ein. Lesen Sie denn keine Zeitung? *Pause.* Jetzt hab ich ne Tür gehört. *Sie hält den Hörer hin.* Ham Ses auch gehört? *Sie hält den Hörer wieder ans Ohr.* Bitte, kommen Sie schnell! Jede Sekunde zählt. Ich will nicht sterben.

Die Tür geht einen Spalt auf.

FRAU *laut* Kommen Sie ja nicht näher! Ich schrei. Ich schrei. Ich schrei so lang, bis die Polizei kommt!
MANN *macht die Tür ganz auf, verschlafen* Sag mal, mit wem telefonierst du denn die ganze Zeit?

Sie schreit.

NAHKAMPF 24

MANN Ich weiß nich, was ich sagen soll. *Pause.* Ich weiß einfach nich mehr, was ich dir noch sagen soll. *Pause.* Ich weiß wirklich einfach nicht mehr, was ich dir jetzt noch sagen soll. *Pause.* Ich hab doch schon alles gesagt. *Pause.* Alles gesagt. *Pause.* Es gibt nichts mehr zu sagen. *Pause.* Wie stellstn dir das vor? *Pause.* Was willstn überhaupt? *Pause.* Was soll ichn dir noch sagen? *Pause.* Was soll ichn dir jetzt noch sagen? *Pause.* Ich wüsst nich mehr, was.

ROLLSTUHL

Eine Frau schiebt einen Mann im Rollstuhl.

FRAU Sag lieber nix! Ich versteh dich sowieso nicht. Brauchst dich also nicht anstrengen, das hat gar keinen Sinn. *Pause.* Wie hat der Doktor gesagt? Die Sprache »kann« wiederkommen.

MANN *lallt.*

FRAU Wohlgemerkt: »kann«, muss aber nicht. *Pause.* Du hast eh immer viel geredet, viel zu viel. Hast weiß Gott nicht jedes Wort auf die Goldwaage gelegt. Nee, du nich. *Pause.* Und jetzt kannste eben mal nicht mehr. *Pause.* Aber verstehn tuste alles, was ich sag, stimmts?

MANN *lallt.*

FRAU Das ist gut.

MANN *lallt.*

FRAU Vor vierzehn Tagen hat die Welt noch anders ausgesehn, was? *Pause.* Und dann: wien Blitz aus heiterm Himmel.

MANN *lallt.*

FRAU Aber du hast ja nich auf mich hörn wolln. Dein Cognac jeden Tag, und das viele fette Fleisch, das du gegessen hast. Gar nicht fett genug hats dir sein können! Ich habs immer weggeschnitten, und du hasts dann trotzdem gegessen. Was andres haste ja nich angerührt. Immer nur fettes Fleisch. *Pause.* Kein Wunder, dass deine Gefäße nich mehr mitgespielt ham!

MANN *lallt.*

FRAU Streng dich gar nicht erst an. Hat der Doktor auch gesagt: Du sollst dich nicht anstrengen. Sondern auf das hören, was ich sage.

MANN *lallt.*

FRAU Mein Leben lang hab ich mich bloß nach dir gerichtet. Damit is jetzt Schluss. Jetzt wird gemacht, was ich sag. *Pause.* Von jetzt an weht ein anderer Wind. Jetzt musst du dich nach mir richten. *Pause.* Bloß noch nach mir, wenn du willst, dass ich dich versorge.

MANN *lallt.*

FRAU Schlaf lieber n bisschen. Schlaf is das Beste, wo de schon nix mehr sagen kannst. *Pause.* Und wenn du ausgeschlafen hast, darfst du zu Hause ein wenig fernsehn. Das kann nich schaden.

MANN *lallt.*

FRAU *singt* Schlaf, Kindlein, schlaf!
Der Vater hüt die Schaf,
die Mutter schüttelts Bäumelein,
da fällt herab ein Träumelein.
Schlaf, Kindlein, schlaf!

MANN *will mitsingen, lallt aber nur.*

FRAU Was hab ich dir gesagt? *Pause.* Du sollst dich nicht so anstrengen, hab ich gesagt! Is das klar? *Pause.* Du musst jede Anstrengung vermeiden. Anstrengung is Gift für dich. Noch son Schlägelchen überlebst du nicht. Dann isses aus mit dir. Und dann steh ich da. *Pause.* Du kannst mich doch nicht allein lassen? *Pause.* Hörst du mich? Hast du verstanden? *Pause.* Hast du mich auch wirklich verstanden?

NAHKAMPF 25

FRAU Sag nix. Ich sag auch nix.

DAS WARS

Schlussapplaus.

Bitte! Danke!
Danke! Bitte!

Ich danke!

Bitte! Danke!
Danke! Bitte!

Ich danke auch!

Bitte! Danke!
Danke! Bitte!

Ja, ich auch! Danke!

Bitte! Danke!
Danke! Bitte!

Ja, gut!

Bitte! Danke!
Danke! Bitte!

Ich hab »danke« gesagt.

Bitte! Danke!
Danke! Bitte!

Wie oft soll ichs noch sagen?

Bitte! Danke!
Danke! Bitte!

Einmal reicht.

Bitte! Danke!
Danke! Bitte!

Aufhören!

Bitte! Danke!
Danke! Bitte!

Einmal muss Schluss sein.

Bitte! Danke!
Danke! Bitte!

Schluss!

Bitte! Danke!
Danke! Bitte!

Das kann man mit mir doch nicht machen!

Bitte! Danke!
Danke! Bitte!

Ich halt das nicht mehr aus!

Bitte! Danke!
Danke! Bitte!

Hilft mir denn keiner?

Bitte! Danke!
Danke! Bitte!

Erbarmen!

Bitte! Danke!
Danke! Bitte!

Ich kann nicht mehr!

Bitte! Danke!
Danke! Bitte!

Ich gebs auf.

Danke!
Das wars.

FITZGERALD KUSZ, geboren 1944 in Nürnberg, Dramatiker und Lyriker. Studium der Anglistik und Germanistik in Erlangen, zwischendurch ein Jahr als assistent teacher in Nuneaton / Warwickshire, England. Bis 1982 Lehrer in Nürnberg. Seither freier Schriftsteller. Mitglied im Verband Deutscher Schriftstellerinnen und Schriftsteller (VS) und in der Deutschen Akademie der Darstellenden Künste, Mitbegründer des PEN Berlin.

Preise und Auszeichnungen (Auswahl)
1975 Hans-Sachs-Preis; 1977 Gerhart-Hauptmann-Stipendium der Freien Volksbühne, Berlin; 1983 Wolfram-von-Eschenbach-Preis; 1984 Staatlicher Förderpreis für Schriftsteller des Landes Bayern; 1988 Kulturpreis der Stadt Nürnberg; 1992 Bundesverdienstkreuz am Bande; 1998 Verdienstmedaille »Pro Meritis«, München; 1998 Friedrich-Baur-Preis der Bayerischen Akademie der Schönen Künste; 2011 Bürgermedaille der Stadt Nürnberg; 2011 August-Graf-von-Platen Literaturpreis, Ansbach; 2016 Karl-Bröger-Medaille; 2017 Bayerischer Dialektpreis und Bayerischer Poetentaler.

Buchpublikationen
Beherzigungen, Gedichte, Maistraßenpresse, München 1968; *Wunschkonzert,* Maro-Verlag, Gersthofen 1971; *Morng sixtäs suwisu nimmä,* Verlag J.P. Peter, Gebr. Holstein, Rothenburg o. d. Tauber 1973; *Kehrichdhaffn,* Rainer-Verlag, Berlin und Verlag Klaus G. Renner, Erlangen 1975; *Lüchdi nei und schlouf,* Verlag J. P. Peter, Gebr. Holstein, Rothenburg o. d. Tauber 1976; *Ä Daumfedern affm Droddo,* Verlag Klaus G. Renner, Erlangen, München 1979; *Wennsdn sixd dann*

saxdersn, Verlag Klaus G. Renner, Erlangen, München 1981; *Mä macht hald su weidä,* Verlag Klaus G. Renner, Erlangen, München 1982; *Sooch halt wos,* Szenen, Verlag der Autoren, Frankfurt am Main 1981; *Derhamm is derhamm,* Volksstück, Verlag der Autoren, Frankfurt 1982; *Derzähl mer nix!* Gschichtler aus Franken, Ehrenwirth-Verlag, München 1984; *Seid mei Uhr nachm Mond gäihd,* Gedichte, Verlag Klaus G. Renner, München 1984; *Schweig, Bub! Derhamm is derhamm, Unkraut.* Fränkische Trilogie, Ehrenwirth-Verlag, München 1985; *Stücke aus dem halben Leben,* Szenen, Verlag der Autoren, Frankfurt 1987; *Irrhain,* Gedichte, Verlag Klaus G. Renner, München 1987; *Bräisälä,* Gedichte und Haikus, Hugendubel-Verlag, München 1990; *Hobb*, Gedichte, ars-vivendi-Verlag, Cadolzburg 1994; *Let it be! Drei Stücke von der Liebe,* Verlag der Autoren, Frankfurt 1994; *Schdernla,* 144 Haikus, ars-vivendi-Verlag, Cadolzburg 1996; *Du, horch,* Szenen und Geschichten, ars-vivendi-Verlag, Cadolzburg 1997; *Schweig, Bub! Letzter Wille,* Zwei Volksstücke, Verlag der Autoren, Frankfurt 1997; *Der fränkische Jedermann.* Nach Hugo von Hofmannsthal, Stück, ars-vivendi, Cadolzburg 2001; *Wouhii. Ein Lesebuch,* Cadolzburg 2002; *Witwendramen, Mein Lebtag,* Verlag der Autoren, Frankfurt 2004; *Muggn: Gedichte*, ars-vivendi-Verlag, Cadolzburg 2007; *Der Vollmond über Nämberch: die besten Gedichte aus vierzig Jahren*, ars-vivendi-Verlag, Cadolzburg 2009; *Lametta*, Verlag der Autoren, Frankfurt 2010; *Zwedschgä,* Gedichte, ars-vivendi-Verlag, Cadolzburg 2012; *Guuder Moond,* Gedichte, ars-vivendi-Verlag, Cadolzburg 2015; *Schdernla,* Ausgewählte Haikus, ars-vivendi-Verlag 2015; *Nämberch-Blues*, Gedichte, ars-vivendi-verlag, Cadolzburg 2017; *Sunnablumma*, Gedichte, ars-vivendi-verlag, Cadolzburg 2021; *Mehr vom halben Leben*, Verlag der Autoren, Frankfurt 2024.

Theaterstücke
Schweig, Bub! Volksstück. Uraufführung: Städtische Bühnen, Nürnberg 1976; *Selber schuld.* Volksstück, Nürnberg 1977; *Stinkwut.* Volksstück, Nationaltheater Mannheim 1979; *Sooch halt wos.* Szenen, Theater am Sozialamt, München 1980; *Stücke aus dem halben Leben.* TamS, München 1980; *Saupreissn.* Volksstück (Auftragsstück zum Preußenjahr), Schillertheater, Berlin 1981; *Derhamm is derhamm.* Volksstück, Nürnberg 1982; *Unkraut.* Volksstück, Esslingen 1983; *Burning Love.* Konstanz 1984; *Höchste Eisenbahn.* Stück, Esslingen 1985, Hamburger Fassung: Hamburger Kammerspiele 1997 mit dem Kabarettistinnen-Duo »Missfits«; *Der Hauptgewinn.* 1987; *Die Nibelungen.* Eine deutsche Seifenoper, Theater links der Isar, München 1990; *Let it be!* Volksstück mit Gesang, Düsseldorf 1993; *Letzter Wille.* Ein Leichenschmaus in fünf Akten, Theater links der Isar, München Lustspielhaus, 1996; *Mama, Der Alleinunterhalter.* Zwei Einakter. Theater links der Isar, München 1997; *Alles Gute.* Torturmtheater Sommerhausen 1998; *Zwerge. Eine fränkische Passion.* Theater der Puppen, Nürnberg 2000; *Der fränkische Jedermann.* Nach Hugo von Hofmannsthal. Nürnberg 2001; *Hänsel und Gretel.* Ein Familiendrama. Theater der Puppen, Nürnberg 2002; *Der Alleinunterhalter.* Monodrama. Nürnberg 2003; *Hobb weidä.* Fränkische Szenen. Dehnberger Hoftheater, Lauf 2004; *Das hässliche Entlein.* Theater der Puppen, Nürnberg 2005; *Witwendramen.* Theater

»Die Färbe«, Singen/ Hohentwiel 2005; *Mein Lebtag.* Monodrama. Singen/ Hohentwiel 2005; *Schlammschlacht.* Ohnsorg Theater, Hamburg 2006; *Lametta.* Nürnberg 2010; *Die Götter-Soap. Letzte Staffel.* Stück, Nürnberg 2013; *Fliegen können.* 2014; *Sag nix.* Torturmtheater Sommerhausen 2015; *Hans im Glück.* Vorpommersche Landesbühne Anklam, 2017; *Mehr vom halben Leben.* 2024.

Filme
'S zweite Leb'n. Fernsehspiel, ZDF 1980; *Die Schraiers* (zusammen mit Rainer Söhnlein), Serie 1982; *Marianne und Sofie* (mit Rainer Söhnlein). Kinofilm, 1983. Regie: Rainer Söhnlein. In den Hauptrollen: Marianne Hoppe und Sofie Keeser; *Goldkronach* (mit Rainer Söhnlein). Fernsehspiel, ZDF 1986; *Stinkwut.* Bayerische Fernsehbearbeitung von Michael Verhoeven, ZDF 1986; *Himmelsheim.* Kinofilm, 1989. Regie. Manfred Stelzer. Mit großem Erfolg auf den Hofer Filmtagen 1988 präsentiert; *Schweig Bub.* BR 1991; *Gudrun.* Kinofilm, 1992 (Regie: Hans W. Geißendörfer). Deutscher Wettbewerbsbeitrag auf der Berlinale; *Florian III.* Fernsehserie, zusammen mit Franz-Xaver Wendleder, Regie: Bernd Fischerauer, Produktion BR. Start ORF, 1994.

Hörspiele (Auswahl)
Die Bestellung, 1979; *Die Vögel* (zusammen mit Friedrich Schirmer), Kinderhörspiel, 1980; *Da hab ich aber Angst gehabt* (zusammen mit Birgit Kusz), Kinderhörspiel, 1983; *Der Hauptgewinn,* Monolog, 1987; *Hermann,* 1989; *Ärwert,* Monolog, 1992; *Alles Gute,* BR 1995; *Mama,* SWF 1996; *Der Alleinunterhalter,* SWF 1996; *Zahlreiche Kurzhörspiele,* HR,

Radio DRS-Bern und BR; *Der fränkische Jedermann*, BR 2001; *Das wars!*, SWR 2013.

CDs

Schweig, Bub! ars-vivendi-verlag, Cadolzburg 1977; *Allmächd*, Musik Chris Beier, Musical Tragedy, EFA 12234-2, Fürth 1996; *Fläiß, fluß,* Musik Klaus Brandl, KNOPF 98013, Oberweiling 1998; *Horch Kusz*! Das Kusz-Hörbuch, ars-vivendi-verlag, Cadolzburg 2003; *krouhä*, Musik Klaus Brandl, PSST-Musik 2009, *Wunderdüdn*, Musik Chris Beier, Fuego, Bremen 2017; *Stadt, Land, Kusz*, Musik Klaus Brandl, PSST-Musik 2019.

INHALT

Theater 7
Nahkampf 1 8
Wohlbefinden 9
Im Moment 10
Nahkampf 2 11
Zufall 12
Albtraum 14
Nahkampf 3 15
Wetter 17
Dialog 18
Ziel 19
Nahkampf 4 20
Elefant 21
Zwang 24
Nahkampf 5 25
Verschwörung 26
Lachen 28
Lesen 29
Nahkampf 6 30
Schlitzer 31
Rätsel 33
Der Brief 35
Fußgängerzone 37
Nahkampf 7 39
Azalee 40
Kakteen 43
Nahkampf 8 45
Marmelade 46
Selbstmord 49
Nahkampf 9 51
Bus 52

Rauch	54
Nachbarn	56
Nahkampf 10	58
Angebot	59
Eierlikör	60
Nahkampf 11	63
Vorstellung	64
Wache	65
Nahkampf 12	69
Peepschau	70
Verkehrshindernis	73
Nahkampf 13	75
Partnervermittlung	76
Liebe	78
Nahkampf 14	79
Beton	81
Nahkampf 15	84
Die Puppe	86
Die Bluse	89
Nahkampf 16	90
Disco	92
Der Toaster	93
Gebiss	94
Mitleid	95
Nahkampf 17	96
Frühstück	97
Hustenbonbon	99
Nahkampf 18	100
Die Krawatte	101
Nahkampf 19	104
Urlaub	105
Tieffrieren	108
Nahkampf 20	109
Zeitverschwendung	110

Nahkampf 21 112
Sitzgruppe 113
Nahkampf 22 115
Frankenbrunnen 116
Nahkampf 23 118
Der Fremde 119
Nahkampf 24 121
Rollstuhl 122
Nahkampf 25 124
Das wars 125